STORIA D'ITALIA

Indro Montanelli
Mario Cervi

L'ITALIA
DEI DUE GIOVANNI
(1955 - 1965)

Biblioteca Universale Rizzoli

ISBN 88-17-86638-5

prima edizione Superbur saggi: gennaio 2001

AVVERTENZA

Io e Cervi avevamo pensato di fermarci, in questa lunga cavalcata della Storia d'Italia, alla morte di De Gasperi, cioè all'agosto del '54. Poi abbiamo riflettuto che questo evento, per quanto importante, non segna la fine di un'epoca, anzi non segna la fine di niente. Così, in due anni di fatica equamente ripartita, vi abbiamo aggiunto questo volume che arriva al '65. E ora che stiamo per licenziarlo alle stampe, non prendiamo impegno che sia l'ultimo della serie.

L'idea di fare un po' di chiaro nelle vicende del '68 col loro lugubre strascico di esplosioni terroristiche, e nelle responsabilità che vi ebbero soprattutto gl'intellettuali, ci stimola a continuare. È vero che sono avvenimenti di ieri, che tutti hanno vissuto. Ma in questi tempi di «accelerazione della Storia», come diceva Halévy, lo ieri fa presto a diventare l'altro ieri, per i giovani di vent'anni esso rappresenta già il West (con tante scuse al medesimo), ma soprattutto non è stato ancora enucleato dalle polemiche e dalle dietrologie di cui seguita ad essere oggetto. Noi non pretendiamo di possedere la pietra di paragone che lo restituisca alla sua verità assoluta (che poi non esiste). Ma crediamo, per il modo in cui abbiamo attraversato quel periodo senza lasciarci piegare dalle ventate di demagogia e di conformismo salottier-barricadiero che lo solcarono, di poter portare un valido contributo al suo chiarimento. Comunque, abbiamo l'intenzione di provarci.

Un'ultima cosa – poiché le prefazioni si leggono solo quando sono brevi, anzi fulminee – circa il titolo di questo libro: L'Italia dei due Giovanni. Si tratta, come già avrete capito, di Giovanni XXIII e di Giovanni Gronchi, che furono i due protagonisti di spicco di quel decennio. A qualcuno potrà sembrare disdicevole, se *non addirittura empio, il fatto di aver abbinato nel protagonismo un grande – anche se discusso – Papa come Roncalli e un piccolo Presidente della Repubblica come quel ganimede di provincia, velleitario e di mano lesta. Ma l'editore ha voluto così perché, ha detto, è un titolo «che si vende bene». E noi ci siamo arresi, lo confessiamo, a questa esigenza di bottega. Una bottega che di solito fa valere, senza procurare rimorsi a nessuno, delle esigenze ben altrimenti oltraggiose al comune senso della misura.*

I. M.

CAPITOLO PRIMO

GRONCHI

Nell'aprile 1955, con l'elezione di Giovanni Gronchi alla Presidenza della Repubblica, l'Italia voltò pagina.

Non è che, entrato il nuovo inquilino al Quirinale, cambiassero le strutture politiche del Paese. La Democrazia cristiana ne restava la trave portante, i Governi continuavano ad essere formati suppergiù con le stesse formule e tra le stesse faide per l'assegnazione delle poltrone ministeriali; l'apertura ai socialisti rimaneva una prospettiva a lunga scadenza e di ardua realizzazione; il Pci era più che mai vincolato alla fedeltà verso la chiesa madre di Mosca. Lo scenario della rappresentazione era insomma pressoché lo stesso: ma con altri protagonisti, con altro stile.

Nell'Italia della ricostruzione – che era stata impetuosa – e dell'espiazione – che con il trattato di pace era stata severa – i protagonisti si chiamavano Alcide De Gasperi e Luigi Einaudi: fatti per capirsi, per stimarsi, per integrarsi, ciascuno di loro apportando al *tandem* le sue qualità. De Gasperi, «il trentino prestato all'Italia», aveva garantito otto anni di gestione politica intelligente, prudente, dignitosa. Einaudi, economista prima che politico, non aveva mai fatto mancare al Presidente del Consiglio il suo appoggio e i suoi suggerimenti: l'uno e gli altri preziosi, perché De Gasperi capiva poco o niente d'economia. Ma sapeva di non sapere, e s'affidava agli esperti.

Tra questi ultimi Einaudi aveva una posizione particolare: non solo perché era il Capo dello Stato, non solo perché la sua dottrina in materia era profonda, ma soprattutto perché era disinteressato. Non poteva covare maggiori ambizioni politiche, non soffriva di nepotismi, dava valore al denaro ma non ne era avido e tantomeno era corrotto. Le prediche che dal suo scrittoio rivolgeva, di tanto in tanto, al Governo, potevano riuscire inutili, perché le clientele e i voti contano più d'ogni ragionamento; ma non erano mai gratuite e superflue. Così il liberalcattolico De Gasperi, e il liberale e cattolico Einaudi, lavorarono insieme e lavorarono bene, fino alla fatale sconfitta elettorale della Dc e del suo *leader* nelle elezioni parlamentari del 7 giugno 1953.

Poco più di un anno dopo De Gasperi, già giubilato alla Presidenza della Democrazia cristiana, morì nella sua casa di Sella di Valsugana. A sua volta Einaudi fu messo in pensione, per scadenza del mandato presidenziale, nella primavera del 1955. Nessuno poteva muovergli appunti per ciò che aveva detto o fatto durante i sette anni trascorsi al Quirinale. Le poche e rispettose critiche erano di carattere politico, perciò opinabili. Riguardavano in particolare la designazione a sorpresa di Pella come successore di De Gasperi: secondo Domenico Bartoli «l'unico errore, forse, e certamente il più serio che il Presidente commettesse». Ma motivato – sempre nella diagnosi di Bartoli – da «motivi precisi», non «dal capriccio del momento» perché Pella era ritenuto da Einaudi un eccellente economista, e inoltre s'imponeva l'opportunità «di designare qualcuno che avesse fama di persona onesta e non fosse troppo compromesso con la formulazione della legge elettorale» (quella che fu bollata come «legge-truffa»).

Comunque quest'episodio, da alcuni ritenuto negativo ma da altri elogiato, non aveva appannato il prestigio di cui Einaudi godeva. Poteva quindi sembrare sensato, dopo la scomparsa di De Gasperi, che si volesse affermare la continuità delle istituzioni rieleggendo Einaudi alla Presidenza. La conferma aveva però una controindicazione scritta nell'anagrafe, e degli oppositori che dell'anagrafe si facevano forti per i loro disegni politici. Eletto a settantaquattro anni, Einaudi ne contava ottantuno dopo il primo settennato, ne avrebbe avuto ottantotto alla fine del secondo. È vero che la carica di Capo dello Stato equivale in Italia – unica eccezione finora Antonio Segni – a un elisir di lunga vita. Ma il rischio non tanto della fine del Presidente, tanto d'un obnubilamento che sarebbe stato difficile denunciare e imbarazzante da superare con i meccanismi costituzionali, era senza dubbio grave. Il nome di Einaudi ottenne sempre un rilevante numero di voti dalle Camere riunite, ma servì più per attestare delle dissidenze che per lanciare una seria ricandidatura.

Non lo voleva Amintore Fanfani, che reggeva, con la sua corrente di «Iniziativa democratica», la segreteria del Partito, e s'illudeva a torto di reggere anche il Partito; non lo voleva Pietro Nenni; non lo voleva «Concentrazione» – un cospicuo gruppo di parlamentari della Dc provenienti dalla destra del Partito, dalla dirigenza sindacale, ma anche dalla sinistra – che aveva il suo unico comune denominatore nell'avversione a Fanfani.

Questi aveva tentato d'imporsi con il pugno di ferro. C'era riuscito, finché s'era trattato soltanto di espellere due deputati, Mario Melloni (il Fortebraccio dell'*Unità*) e Ugo Bartesaghi che erano diventati – soprattutto Melloni – comunisti con etichetta dc. Ma quando volle indicare il Presidente del gruppo parlamentare a Montecitorio (il suo uomo era Aldo Moro) fu ripagato con un primo evidente segno di ribellione. Moro passò con 138 voti, ma Andreotti, «portato» da Concentrazione, ne ebbe 109.

Tra gli esponenti di questa corrente, ha scritto Giulio C. Re in *Fine di una politica*, «è numeroso lo stuolo degli ex, e anche di alto lignaggio. Gronchi ha sempre aspirato a rappresentare il numero due della Democrazia cristiana, dopo De Gasperi, ed è stato, prima che Presidente della Camera, Ministro; Pella è stato Presidente del Consiglio e

Ministro del Bilancio, del Tesoro, delle Finanze, degli Esteri; Gonella Ministro della Pubblica istruzione e segretario del Partito; Andreotti, sottosegretario alla Presidenza del Consiglio e Ministro dell'Interno; Rapelli, segretario generale dei sindacalisti bianchi, prima di Giulio Pastore; Scoca, Ministro senza portafoglio; Del Bo, sottosegretario al Lavoro; Marazza Ministro dei Lavori pubblici, e così via. Essi hanno tutti la sensazione di essere ormai considerati bruciati e superati dalla nuova classe dirigente del Partito, e tagliati fuori dalle preferenze. Anche qualcuno di coloro che hanno basi abbastanza solide alla periferia si vede minacciato da provvedimenti della segreteria centrale, la quale ha sciolto varie federazioni, specie nel Sud: ultima la federazione di Roma, in cui sono forti gli andreottiani e i gronchiani».

Nenni che preparava il Congresso del suo Partito – fu celebrato ai primi di aprile, ed egli lo definì «il più bello del dopoguerra» perché l'aveva visto trionfatore – lanciò con largo anticipo un siluro contro Einaudi. Annotava il 27 febbraio 1955, sul suo diario: «Nell'articolo di oggi sull'*Avanti!* ho gettato un sasso nelle acque stagnanti dell'elezione del nuovo Capo dello Stato. Ho preso posizione contro la rielezione di Einaudi con molto garbo e rispetto verso la persona del Presidente, ma con fermezza».

Si delineava così la manovra che avrebbe portato Gronchi al Quirinale, contro il Presidente del Senato Cesare Merzagora, ideologicamente liberale ma compagno di viaggio dei democristiani. Il 15 aprile Nenni precisò ancor meglio il suo disegno, che doveva avviare l'apertura a sinistra e che «favorisce una candidatura democristiana (nell'ordine delle mie preferenze: Gronchi, Vanoni, Zoli)». Il solo Pertini, nella direzione socialista, si disse contrario a queste designazioni. «Gli altri riconoscono che non possiamo mettere veti a un democristiano senza spezzare sul nascere l'apertura a sinistra già di per sé così difficile.»

Fanfani, sempre nei ricordi di Nenni, «propende per Merzagora (ma forse è una finta). Non vede altri possibili candidati liberali. Insiste per Zoli. In subordine fa i nomi di Vanoni o Segni (ma per quest'ultimo teme i latifondisti del suo Partito). Dice che Gronchi non avrebbe venti voti dalla Dc». Un errore di calcolo, quest'ultimo, derivante, come spesso accadeva a Fanfani, da eccessiva sicurezza.

Alle spalle di Fanfani, e a sua insaputa, si stava tessendo una trama «milazzista» *ante litteram*: un pasticcio ideologico che faceva convergere sul nome di Gronchi, portabandiera d'un populismo cattolico spregiudicato, i favori della destra delusa e della sinistra rampante. I notabili della Dc volevano Gronchi per dare uno schiaffo a Fanfani, che li emarginava, e al Presidente del Consiglio Scelba, che pur essendo dei loro li aveva «traditi». Merzagora era il candidato della segreteria dc, Gronchi era il candidato d'una coalizione, e d'una cospirazione, che coagulava la protesta, e la nobilitava con l'«afflato» sociale. Per questo ruolo il Presidente della Camera, bell'uomo, oratore trascinante e lucido anche quando sotto le parole la sostanza latitava, era l'interprete ideale.

Giovanni Gronchi era nato a Pontedera in provincia di Pisa – la cittadina poi divenuta famosa anche perché vi ha sede la Piaggio – il 10 settembre 1887. Il padre, contabile e rappresentante, non poteva dare alla famiglia più d'una decorosa povertà. A sei anni Gronchi rimase orfano della madre. Descrisse se stesso come un «ragazzo male in arnese, non per cattiva volontà della famiglia, ma per assoluta insufficienza di mezzi determinata e dalla salute di mio padre e da molte sfortunate coincidenze».

Fu uno studente brillante tanto che era in grado di dar lezioni private ai suoi compagni. Ammesso alla prestigiosa

Scuola Normale di Pisa, vi conseguì nel 1909 la laurea in lettere con una tesi su Daniello Bartoli, e poi insegnò nelle scuole secondarie. Rimasto vedovo nel 1925 della prima moglie, Cecilia Comparini, sposò nel 1941 Carla Bissatini che gli diede due figli, Mario e Maria Cecilia. Il lungo intervallo tra i due matrimoni non deve far pensare a un Gronchi macerato nella solitudine.

Vedovo o sposato, egli ebbe una attività galante che – soprattutto, e si spiega, dopo l'elezione a Presidente – suscitò pettegolezzi e alimentò un'abbondante e piccante aneddotica. Si può rilevare per inciso che le propensioni d'alcova, sulle quali s'era anche basata l'opposizione democristiana alla candidatura presidenziale di Carlo Sforza nel 1948, non turbarono i timorati di Concentrazione che su Gronchi riversarono poi i loro voti.

Questo *tombeur de femmes* (non si sa quanto precoce) fu molto precocemente un cattolico impegnato e praticante (la coesistenza pacifica tra fede religiosa ed erotismo non è inconsueta, molti Re cattolicissimi ne diedero insigne esempio). Militò presto nelle organizzazioni giovanili cattoliche, assumendovi incarichi direttivi. Espresse simpatia per le tesi moderniste di Romolo Murri, alle quali si sentì sempre vicino anche se evitò la sconfessione della Chiesa, dalla quale Murri fu invece colpito.

Alla vigilia della prima guerra mondiale Gronchi fu risolutamente interventista: uno dei non molti cattolici di spicco – Domenico Bartoli nel suo *Da Vittorio Emanuele a Gronchi* ricorda Giosue Borsi e Attilio Piccioni – che vollero la guerra contro l'Austria, e che si arruolarono volontari. Come ufficiale di fanteria meritò tre ricompense al valore militare: ambizioso, ma anche coraggioso.

Il primo dopoguerra consacrò la sua ascesa nelle file del Partito popolare: Pisa lo elesse due volte deputato, nel 1919 e nel 1921. Segretario della Confederazione italiana del lavoro, il sindacato cattolico, si collocò alla sinistra del suo Partito senza tuttavia sconfinare nel «comunismo bianco».

Quando Mussolini costituì, dopo la Marcia su Roma, il suo primo Governo, il Partito popolare accettò che vi fossero inseriti alcuni suoi rappresentanti: nell'illusione – di breve durata – di poter imbrigliare e parlamentarizzare il movimento vittorioso delle camicie nere, e il suo capo, non ancora Duce. Vincenzo Tangorra e Stefano Cavazzoni ebbero rispettivamente i Ministeri del Tesoro e del Lavoro, quattro furono i sottosegretari cattolici, Gronchi (per l'Industria e il Commercio), Merlin, Milani e Vassallo.

Ben presto, tuttavia, tra il fascismo e il Partito popolare fu dissidio, e poi rottura. Mussolini non tollerò una collaborazione condizionata e svogliata: e definì sostanzialmente antifascista il Congresso che il Partito popolare (pipì come dicevano spregiativamente gli avversari) aveva tenuto nell'aprile del 1923. Eppure in quell'assemblea i toni verso il fascismo furono ancora possibilisti, e un ordine del giorno De Gasperi sulla situazione politica approvò «la partecipazione dei popolari all'attuale Ministero, come apprezzabile concorso perché la rivoluzione fascista s'inserisca nella Costituzione».

I popolari furono comunque costretti ad andarsene dal Governo. Molti di loro ebbero in quel frangente tentennamenti: numerose furono le diserzioni e i passaggi al campo opposto. A Gronchi non poterono essere rimproverati, sotto questo aspetto, cedimenti. Pronunciò discorsi di critica dura a Mussolini; rivolse un saluto commosso a Sturzo il giorno in cui il Vaticano, compromissorio quasi fino alla resa, lo costrinse ad abbandonare la segreteria del Partito popolare (gli succedette un triumvirato composto appunto da Gronchi, Rodinò e Spataro); tentò di opporsi alla repressione sindacale fascista riassumendo la guida della Confederazione del lavoro.

Piero Gobetti fu molto colpito dalla personalità del giovane politico, e nel suo periodico *La rivoluzione liberale* diede di lui un giudizio fin troppo elogiativo: «Gronchi sorprende e domina per l'agilità giovanile, per la modernità inquieta ed enciclopedica. In un mondo che prende quasi tutti i suoi soloni dal neotomismo, Gronchi sembra una rivoluzione paradossale, uno scopritore di nuovi orizzonti. Non può non stupire la fresca eleganza con cui egli cita Sorel e Maurras, Croce e Bergson. L'astuzia di Gronchi è di avventurarsi in queste scorribande senza presunzione e senza pedanteria, conservandosi la fama di dialettico brillante».

Nel 1926, proclamata e già affermata la dittatura, la carriera politica di Gronchi era spezzata. Egli stesso, probabilmente, temette che fosse finita per sempre. Poteva tentar di riprendere la strada dell'insegnamento: anche se, per il suo passato, non gli sarebbero mancati ostacoli. Ma non l'imboccò. Scelse invece la strada degli affari, e negli affari rivelò l'altra faccia della sua personalità: la scaltrezza spinta fino alla spregiudicatezza, la capacità di simulazione, l'avidità di denaro.

Riemerse dalla penombra dell'opposizione silenziosa al fascismo dopo la sconfitta, ed ebbe – com'era giusto – una posizione di primo piano nella Democrazia cristiana. Subito si riagganciò alla tematica sociale che gli era congeniale: lo attestano i discorsi che, come Ministro dell'Industria o come Presidente della Camera, andava pronunciando. Affermava che «classi che hanno dimostrato la loro impotenza vengono ad essere gradualmente sostituite da classi nuove perché la civiltà capitalistica è in fallimento»; che «l'opporre ferma resistenza al bolscevismo, come dottrina e come regime politico-sociale, non equivale a sbarrare il passo alle classi lavoratrici nelle loro aspirazioni a una migliore giustizia». Dopo il trionfo democristiano del 1948 avvertì che quel 18 aprile era stato «il più grosso equivoco dei ceti conservatori industriali ed agrari»: i quali votando Dc avevano creduto di proteggere i loro interessi, e si sbagliavano. Erano, le sue, tesi nobili e magari in più d'un punto tesi giuste. Ma asservite a una volontà di fronda, di protagonismo e di potere che mal si conciliava con l'altezza dei concetti.

Gronchi era ostile a De Gasperi, che a sua volta l'aveva in uggia fiutando nelle enunciazioni populiste e nelle ostentazioni religiose dell'uomo molto opportunismo, se non molta doppiezza. Come Ministro dell'Industria Gronchi aveva appoggiato il «petroliere» Enrico Mattei, che non dimenticava i favori, e sapeva come retribuirli. Nella Dc era un notabile di grande prestigio, privo tuttavia d'una solida base parlamentare e «correntizia», tranne che nel suo collegio. Poiché nel Governo gli dava ombra, e gli creava fastidi, De Gasperi credette di neutralizzarlo issandolo, l'8 maggio 1948, alla carica altamente onorifica e scarsamente operativa di Presidente della Camera.

La poltrona si addiceva alle qualità di Gronchi, di parola pronta, di tratto superficialmente amabile, colto, duttile nel guidare i dibattiti e agguerrito nel risolvere le questioni procedurali. Dal suo ufficio di Montecitorio poteva avere contatti, e stringere accordi, con gli esponenti dei vari partiti e delle varie fazioni.

Fu in quel posto di comando che maturò la strategia antifanfaniana e antiscelbiana dell'elezione presidenziale. È vero che già la volta precedente il candidato ufficiale della Dc, Sforza, era stato bocciato: lo era stato benché De Gasperi disponesse della maggioranza assoluta in Parlamento e d'una autorità mai poi eguagliata nel Partito e nel Paese. Ma Einaudi era stato una «seconda scelta» gradita, in fin dei conti, al *leader* democristiano. Questa volta l'infortunio fu più spiegabile – essendo radicalmente mutato il quadro nel quale Fanfani agiva – ma fu anche più grave perché la candidatura vincente consacrò come perdente il segretario del Partito.

Questi aveva preventivamente convocato a Palazzo Barberini i deputati e senatori dc perché ratificassero la candidatura Merzagora. Non s'era verificata una rivolta – in casa dc si ha maggior propensione per le congiure – ma l'atmosfera era tesa. Infatti alla prima votazione, il 28 aprile 1955, fu chiaro che Merzagora era impallinato. A Parri andarono i 308 voti delle sinistre – un omaggio simbolico, mentre ancora non v'era nulla di deciso perché le prime tre votazioni richiedevano una maggioranza di due terzi –, Merzagora ne ebbe 288, Einaudi (candidato dei laici) 120, Gronchi 30.

Era un segnale. Che si precisò alla seconda votazione quando, ritirato il nome di Parri, Merzagora, anziché progredire, scese a 225 voti, Gronchi salì a 127, Einaudi ne ebbe 89. Alla terza votazione Gronchi prese la testa: 281 voti contro i 245 di Merzagora e i 61 di Einaudi. Il duello era anche visivamente emozionante – per la prima volta la televisione trasmise le sedute in diretta – perché Gronchi dava lettura delle schede, e Merzagora, seduto accanto a lui, ascoltava accigliato.

La Dc era spaccata. Moro, Presidente dei deputati democristiani, promosse in fretta e furia un'assemblea, cui intervenne, pallido e corrucciato, Fanfani. Si dibatté accanitamente, e finalmente a carte scoperte. Fu provocatoriamente chiesto, da chi voleva Gronchi, se la Democrazia cristiana dovesse dare i suoi voti a un indipendente come Merzagora, che per di più era in fama di massone se non di ateo, o se invece le convenisse concentrarli su un uomo suo, di vecchia tradizione cattolica e di spiccata personalità. Gonella, Emanuela Savio, Giuseppe Vedovato sostennero a spada tratta la causa di Gronchi: la sostennero con tanta tenacia che Aldo Moro batté un pugno sul tavolo, cedendo a uno scatto di nervi per lui inconsueto. Fanfani, furioso ma non rassegnato, chiese una pausa: e corse da Gronchi per domandargli di ritirare spontaneamente la candidatura. Tornò poco dopo, ostentando serenità. Il passo, annunciò, aveva avuto esito positivo, Gronchi «lasciava».

Così i parlamentari se ne andarono (era sera tarda) con propositi e pensieri diversi. Quelli fedeli alla segreteria erano convinti che Fanfani ce l'avesse fatta, quelli di Concentrazione erano decisi a utilizzare le poche ore che restavano per indurre Gronchi a resistere. Per iniziativa di Pella e Gonella i gronchiani si diedero appuntamento in casa dell'onorevole Salvatore Scoca: intanto Gonella e la Savio bussavano alla porta dell'alloggio privato di Gronchi a Montecitorio – che egli di norma non utilizzava, ma in cui aveva deciso di trascorrere, eccezionalmente, la notte – pregandolo di vestirsi e di andare anche lui a casa Scoca. Lì erano in attesa Pella, Andreotti, e altri.

A domanda – la prima e la più importante – Gronchi rispose di non aver mai detto a Fanfani ciò che Fanfani aveva riferito. Precisò anzi d'aver replicato – quando Fanfani aveva sottolineato l'inopportunità che un cattolico avesse la nomina presidenziale – che un simile punto di vista offendeva prima la Democrazia cristiana, poi lui. «L'opposizione ufficiale della Democrazia cristiana – disse – lo colpiva nella sua dignità politica e morale, per cui se gli si chiedeva un atto di rinunzia si doveva motivare tale richiesta non con quell'insostenibile pretesto, ma con ragioni che non somigliassero neppure lontanamente ad una squalifica della Democrazia cristiana e sua personale».

Posta la questione in questi termini, Gronchi si appartò con Pella in un salottino. I due presero, a quattr'occhi, gli ultimi accordi. Quindi Gronchi strinse calorosamente la mano a tutti i presenti, e fu salutato da Pella con questo discorsetto solenne: «Siamo lieti di aver sostenuto e di sostenere un democratico cristiano, inopportunamente e ingiustamente discriminato da una maggioranza composita. Tu Gronchi domani, anzi oggi (sono le tre del mattino), sarai Presidente della Repubblica. Sarai il primo cattolico alla guida dello Stato. Non ti chiediamo nulla per noi, ti diciamo soltanto: non essere il Kerenski della politica italiana! E difendi la nostra libertà parlamentare...».

Mentre Gronchi era già alla porta, la Savio gli rivolse un'estrema invocazione: «Presidente, mi raccomando, niente apertura a sinistra». Con questo viatico conservatore, Gronchi uscì soddisfatto, e pronto ad avere, insieme a quelli dei suoi amici di Concentrazione, i voti della sinistra.

La mattina del 29 aprile, di buon'ora, Pella ricevette una telefonata di Fanfani che, avendo saputo del «complotto» in casa Scoca, covava propositi bellicosi. I dissidenti dovevano essere ricondotti alla disciplina di partito. Pella fu gelido e irremovibile. Prese appuntamento con Fanfani nella sede della Dc in piazza del Gesù, e gli ribadì che Gronchi era l'uomo di Concentrazione, e non soltanto di Concentrazione. Con la bile alla bocca, Fanfani si rassegnò a comunicare a Gronchi che la sua candidatura era diventata ufficiale.

A dar man forte a Gronchi sopravvenne il monarchico Covelli, da lui incontrato nel Transatlantico di Montecitorio. «Qualche battuta sulla battaglia in corso – citiamo ancora dal libro di Giulio C. Re – poi Gronchi dice: "Io non posso accettare i voti delle sinistre se non ho i voti delle destre". E Covelli: "Allora: Gronchi al Quirinale e Pella al Viminale!". Una stretta di mano suggella l'intesa, e Gronchi ritorna al seggio di Presidente della Camera, accanto a Merzagora. Un'ora dopo egli viene eletto Presidente della Repubblica con una maggioranza eccezionale: 658 schede a favore, contro 70 andate ad Einaudi, 92 rimaste bianche e 13 disperse.» Ad Einaudi erano rimasti fedeli, fino all'ultimo, i liberali e Saragat.

Gronchi – cui spettava come Presidente della Camera il compito di leggere i nomi scritti su ogni scheda – aveva scandito il suo «con totale distacco da emozioni», come osservò Vittorio Gorresio. Il quale inserì nella sua cronaca dell'elezione un episodio piuttosto divertente. Quando il nome di Gronchi era risuonato per la quattrocentoventiduesima volta, superando il traguardo fatidico della maggioranza semplice, gran parte dei deputati e senatori s'era alzata in piedi ad applaudire, con grida di «Viva la Repubblica». Al banco del Governo, Scelba non s'era associato al tripudio. «Si vide allora avvicinarsi a lui un commesso che su un vassoio di argentone gli offriva un bicchiere pieno di liquido scuro. Cynar, un aperitivo poco alcolico a base di succo di carciofo raccomandato dalla pubblicità commerciale come efficace contro il logorio della vita moderna, e particolarmente contro gli attacchi di fegato. Scelba, che non lo aveva ordinato, non ebbe la presenza di spirito di accettarlo fingendo di nulla. Anzi lo respinse con un gesto irritato ed il commesso portò via il bicchiere intatto mentre l'assemblea si squassava in un'enorme risata per lo scherzo fatto a Scelba, perdente, dal deputato comunista Velio Spano dietro consiglio del suo malevolo compagno Giancarlo Pajetta. Severo e dignitoso, nascondendo benissimo il proprio divertimento, Gronchi placò le risa continuando a sillabare il proprio nome.»

Nel messaggio che lesse alle Camere l'11 maggio 1955, in occasione del suo giuramento, Gronchi non fece mistero del modo in cui concepiva le funzioni di Capo dello Stato, né degli orientamenti che avrebbe voluto dare alla politica italiana. Parlò di «un'ansia di rinnovamento» che pervadeva il Paese, ammonì che «nulla è possibile costruire in uno Stato senza il concorso del mondo del lavoro», ribadì che bisognava «far entrare i lavoratori nell'edificio dello Stato». Il quale Stato aveva non solo il diritto, ma il dovere, d'ingerirsi maggiormente nella gestione dell'economia, per «contrastare il predominio delle multinazionali in Italia, attuare una vera politica di programmazione democratica ed attenuare, anzi eliminare, i dislivelli sociali ancora persistenti nella realtà economico-sociale del Paese». «Abbiamo finalmente un Perón italiano – commentò Saragat – il Perón di Pontedera.» L'uomo era molto sicuro di sé. «Kerenski?... Se ne accorgeranno» disse a un parlamentare. Insistette sulla genuinità della sua elezione. E ad uno degli autori di questo libro dichiarò: «Sono contento del modo in cui questa investitura mi è venuta, ossia della quasi unanimità che mi rende indipendente da ogni partito e fazione».

Indipendente, forse. Invadente, di sicuro. Gronchi non perse occasione, da allora in poi, per esprimere le sue opinioni e le sue intenzioni che non sempre collimavano con quelle del Governo: il che determinava una situazione ambigua, perché alla politica dell'esecutivo, che è responsabile di fronte al Parlamento, si contrapponeva una politica del Capo dello Stato, per Costituzione irresponsabile. Tanto che proprio il vecchio fondatore del Partito popolare, don Luigi Sturzo, senatore a vita, il 24 novembre 1955 presentò a Palazzo Madama un'interrogazione per sapere se e in qual modo il Governo intendesse richiamare il Capo dello Stato al rispetto dei limiti che le sue prerogative avevano. Gronchi reagì tra lo stizzito e lo stupito: «Possibile che un Capo dello Stato non abbia il diritto di parlare? Non è possibile che la Costituzione preveda un Presidente della Repubblica impagliato. Ma io non mi faccio imbalsamare in questa gabbia, io son chi sono».

Gronchi aveva ereditato Scelba come Presidente del Consiglio, e aveva fretta di sostituirlo: convinto che l'operazione fosse facile perché Fanfani e Scelba erano stati gli sconfitti dell'elezione presidenziale, perché tra l'eletto e Concentrazione erano stati intrecciati (l'abbiamo visto) patti più o meno solenni, infine perché il Governo doveva rassegnare nelle sue mani, secondo prassi, le dimissioni.

Con Scelba, Gronchi aveva un conto aperto. Pochi mesi prima, quando Piccioni s'era dimesso da Ministro degli Esteri, il Presidente della Camera aveva lasciato capire con chiarezza che gli sarebbe piaciuto succedergli.

«Venne a offrirsi – raccontò poi Scelba – e io gli dissi che la sua autocandidatura mi onorava, ma che non si potevano improvvisare conversioni e trasformazioni. Gli dissi: "Tu un mese fa, ad Anzio, hai pronunciato un discorso contro la Nato: e come puoi ora fare il Ministro degli Esteri? Sembra che si voglia fare un dispetto agli Stati Uniti. Se io sapevo di questo tuo desiderio si poteva preparare tutto, ma così non mi pare che si possa".» Agli Esteri era infatti andato il liberale Gaetano Martino.

Adesso Gronchi era in posizione di vantaggio, pronto a rendere la pariglia. Aspettava Scelba al varco delle dimissioni – che avrebbe dovuto dare, non foss'altro che per un gesto di doveroso ossequio al nuovo Capo dello Stato – e meditava di rimpiazzarlo subito. S'è visto che un successore, Pella, era già alle viste. Ma Scelba era di tutt'altro parere. Corrado Pizzinelli ha così ricostruito il dialogo che tra i due si svolse al Quirinale.

Scelba: Sono venuto a rassegnare le dimissioni come atto formale d'ossequio al nuovo Capo dello Stato.

Gronchi: Cosa vuol dire atto formale d'ossequio?

Scelba: Vuol dire atto formale d'ossequio.

Gronchi: Ma allora ti dimetti o no?

Scelba: Dove sta scritto nella Costituzione che il Presidente del Consiglio si deve dimettere?

Gronchi: Ma questa è la prassi!

Scelba: Di quale prassi parli? Questa è la prima Repubblica. Quali precedenti ci sono? Nello Statuto albertino per caso?

Gronchi: Ma tu ti devi dimettere come hanno fatto gli altri.

Scelba (traendo di tasca un libretto): E dove sta scritto nella Costituzione? Prego... (glielo porge).

Gronchi: Ma proprio lì...

Scelba: Niente affatto. Leggi l'articolo 94. Il Governo deve avere la fiducia delle due Camere. Ciascuna Camera accorda o revoca la fiducia mediante mozione motivata e votata per appello nominale. Quindi è chiaro: la fiducia me l'hanno data le Camere e le Camere me la debbono revocare. È venuta per caso meno? Solo loro, caro Presidente, possono costringermi a dare le dimissioni e non tu. Quindi il mio è un atto formale d'ossequio e niente più.

Scelba restò, ma lo scontro era soltanto rinviato di poche settimane. Il detonatore della crisi ebbe l'etichetta del Pri che annunciò al Presidente del Consiglio, con una lettera, di non potergli più assicurare il suo appoggio esterno. Nulla era avvenuto, in Parlamento, che denunciasse lo sfaldamento della maggioranza. Ma Gronchi prese la palla al balzo: e in nome della logica partitocratica, disse a Scelba che il suo Governo non aveva più i consensi necessari, e che doveva ritrovarli, o defungere.

Nella circostanza, Gronchi ebbe, per uno di quei giri di valzer che nelle vicende intestine dei partiti sono così frequenti, la solidarietà di Fanfani. Concentrazione si stava disgregando: e l'uscita di scena di Mario Scelba liberava Fanfani della presenza ingombrante dell'ultimo notabile della vecchia guardia scampato al terremoto provocato dal caso Montesi. Alle 11 di sera del 21 giugno 1955 Aldo Moro, alla testa d'una delegazione dc, portò a Scelba il verdetto del Partito, che era un verdetto di condanna. La segreteria invitava il Governo a «dare le dimissioni per permettere di esaminare la situazione creata dal distacco del Pri». L'indomani Scelba consegnò a Gronchi le sue dimissioni, questa volta sostanziali.

Il Governo che Antonio Segni formò dopo una crisi durata un paio di settimane, e contrassegnata come di consueto da preannunci di fallimento e da subitanee schiarite, fu uno dei più longevi del dopoguerra. Durò 679 giorni, dal luglio del '55 al maggio del '57. Ebbe una connotazione centrista, anche se i repubblicani, che avevano fatto deflagrare la crisi, rifiutarono di entrarvi. Saragat ebbe la vice-presidenza del Consiglio, agli Esteri andò il liberale Gaetano Martino, alle Finanze l'immancabile Andreotti, alla Giustizia Aldo Moro.

La vera novità di questa compagine fu l'assegnazione d'uno dei dicasteri più importanti, gli Interni, al rampante Fernando Tambroni, contro il quale s'appuntavano già molte diffidenze, tanto che Nenni annotava sul suo diario: «A questo (di Tambroni) proposito Segni dice di non aver potuto fare diversamente. Non ha salute per reggere il peso degli Interni. Moro non ha voluto o potuto. Sorveglierà Tambroni. (Per la verità sarà Tambroni a sorvegliare lui.)».

I socialisti avevano manifestato verso il nuovo Governo una generica «disponibilità per una politica di rinnovamento». La definirono anche «opposizione propulsiva». Segni, che appariva fragile ma aveva soprassalti di risolutezza, si accinse alla nuova fatica con ostentato scetticismo. «Se non va, torno alla mia università» andava ripetendo. Intimamente conservatore, prestava tuttavia orecchio a chi voleva accentuare il ruolo «pubblico» nell'economia. Pochi giorni dopo il suo insediamento come Presidente del Consiglio presentò infatti un disegno di legge per l'istituzione del Ministero delle Partecipazioni statali.

Mancava, nel provvedimento, la disposizione più fortemente voluta dalle sinistre, e più decisamente avversata dalla Confindustria (la cui *leadership* stava passando dal prudente e morbido Angelo Costa al duro Alighiero De Micheli), ossia l'autonomia sindacale «pubblica». In pratica, si trattava di sottrarre le aziende di Stato alla disciplina confindustriale, e di assoggettarle a un regime proprio. Questo, si asseriva, per impedire lo strapotere del capitale.

Senza voler sottovalutare l'influenza della grande imprenditoria e della grande finanza sul Palazzo, resta il sospetto che i promotori dello «sganciamento» sindacale dell'Iri non fossero mossi da stimoli disinteressati e virtuosi. Si vide in seguito che le aziende pubbliche, sciolte dai legami con l'industria privata, s'andarono sempre più politicizzando, e diventarono facile preda dello strapotere sindacale e di quello partitico.

Il disegno di Segni, ripetiamo, non disponeva nulla in proposito. Ma i parlamentari socialisti e comunisti, e anche i sindacalisti democristiani, provvidero a proporre emendamenti che mettessero riparo alla lacuna. Fu accolto un emendamento di Giulio Pastore, democristiano e sindacalista: esso disponeva che entro un anno dalla creazione del nuovo Ministero sarebbero cessati «i rapporti associativi delle aziende a prevalente partecipazione statale con le organizzazioni sindacali degli altri datori di lavoro». Le resistenze al progetto furono via via vinte, e finalmente nel novembre del 1957 il Ministro delle Partecipazioni statali Giorgio Bo, legato a Gronchi e a Enrico Mattei, dispose con una circolare perentoria che «è necessario che tutte le aziende e società interessate provvedano immediatamente, ciascuna nella propria competenza, in obbedienza al comando legislativo».

Era una vittoria sonante per il *boss* dell'Eni, che in quei mesi – precisamente il 16 febbraio 1956 – aveva perduto uno dei suoi più fidati amici e il suo più autorevole sostenitore politico, Ezio Vanoni, stroncato da un malore poco dopo un intervento nell'aula del Senato. Ansioso di trovarsi un grande protettore che valesse quello perduto, Mattei si rivolse, la sera stessa del funerale, ad Andreotti.

Secondo il racconto di Italo Pietra gli disse: «Le offro un cane da tenere a guinzaglio. È un purosangue dei cani, ha addirittura sei zampe, ma non può fare a meno di una guida. Perduto Vanoni, il grande problema è questo: se uno come me non ha un solido rampino politico è a terra».

Ma Andreotti, che militava allora nella destra della Dc, disse di no alla sua maniera felpata. «Non ho mai avuto dimestichezza coi cani. Da ragazzo, abitavo in una casa senza giardino e senza orto, c'era da pensare a ben altro che ai cani. Lei è tanta parte di una corrente, la "Base", che è un rispettabile rampino e che sta a sinistra, molto lontano da me.» Mattei non si lasciò impressionare per così poco, e ribatté sicuro: «Quelli (della Base) li faccio cambiare io in quattro e quattr'otto». Ma Andreotti fu irremovibile: «Il guinzaglio è fuori discussione. E non c'è bisogno del mio appoggio per le cose buone che lei intende fare. Al momento buono, tutte le persone oneste e obbiettive le daranno una mano».

Non per questo Mattei si sentì proprio orfano. Rampini ne aveva, comunque. Segni stesso gli dimostrava stima. Il 12 aprile visitò solennemente Metanopoli, la creatura matteiana alle porte di Milano, e disse: «Noi continueremo in questa attività statale che serve ad equilibrare il potere dei grandi monopoli. Lo Stato non può lasciarsi sopraffare dalle forze economiche accentratrici».

Sempre ansioso d'avere solidi appigli, e solide armi per assicurarseli, Enrico Mattei si fece editore, tra la primavera e l'estate del 1956. A Milano era sopravvenuto, nell'editoria quotidiana, un avvenimento rivoluzionario: dopo alcuni tentativi fiacchi e abortiti dell'immediato dopoguerra, una nuova testata s'era alzata a contrastare il virtuale monopolio del *Corriere della Sera*, affidato alle curatissime e morbide mani di Mario Missiroli. *Il Giorno* – questo il nome del quotidiano anticonformista che vide la luce il 21 aprile del 1956 – fu il frutto di una combinazione alla quale Mattei parve all'inizio formalmente estraneo. Demiurghi noti dell'operazione furono Gaetano Baldacci, inviato speciale del *Corriere della Sera*, siciliano di non scorrevole prosa ma d'intelligenza viva, di piglio arrogante, di grande spregiudicatezza manovriera; e Cino Del Duca. Era quest'ultimo un marchigiano – come Mattei – di famiglia e di convinzioni socialiste e antifasciste che, emigrato in Francia, vi aveva fatto fortuna con la *presse du coeur*, la stampa popolare e dolciastra che anche in Italia stava ottenendo successo. *Nous deux* tirava due milioni di copie, un milione *Intimité*, quattrocentomila *Bolero*. Nelle discussioni che precedettero il lancio del *Giorno* ebbe una parte Leo Longanesi, che con la prodigalità di talento che lo contraddistingueva suggerì alcune idee preziose.

Il Giorno, dalla testata pariniana e puritana – benché poggiasse sui miliardi di Del Duca e sul petrolio di Mattei –, volle essere l'anti-*Corriere*. «Fondi» brevi e secchi – uscito di scena Baldacci questa norma, che era buona, andò perduta –, fotografie in abbondanza, niente terza pagina, poca letteratura, tanta cronaca, vistose concessioni al gusto popolare, inserti, supplementi. Una formula che senza dubbio anticipò alcune strategie dei quotidiani nei decenni successivi, e che ebbe un discreto successo di vendita, riuscendo ad aprire brecce nel fortilizio un po' sguarnito del colosso di via Solferino.

Ma alla riuscita diffusionale corrispose un disastro gestionale. *Il Giorno* divorava milioni con un appetito che neppure il ricchissimo Del Duca sarebbe stato in grado di saziare a lungo. In pochi mesi se n'era andato in fumo mezzo miliardo (nel 1956!). Del Duca lasciò senza rimpianti, e la sua Società editrice lombarda fu incamerata da un'entità finanziaria innominata e introvabile. Le voci secondo le quali la Sel aveva in dote 134 ettari di terreno a San Donato Milanese – che con l'espansione edilizia promettevano di diventare una fortuna immensa – la diceva lunga sul potentato che stava nell'ombra alle spalle del quotidiano. Ma ufficialmente il Governo stesso non sapeva quasi nulla, e il pochissimo che sapeva smentiva ogni ipotesi che attribuisse la proprietà all'Eni. Ancora nel 1958 Adone Zoli – Presidente del Consiglio – dichiarava a Montecitorio: «Si può escludere che l'Eni e le società da esso dipendenti posseggano partecipazioni azionarie nella Sel, né risulta che ne possegga l'ingegner Mattei in proprio». Zoli era un'eccellente persona, e un galantuomo, ma fu costretto a dire le bugie. Un anno dopo Ferrari Aggradi, Ministro dell'Industria del momento, ammise – era ora – che *Il Giorno* era stato acquistato dalla società Sofid del gruppo Eni.

Mattei non aveva aspettato così a lungo per valersi, con discrezione, delle possibilità di pressione e di allettamento che il quotidiano gli consentiva. A Gronchi diceva suadente: «Giovanni, da questo giornale non dovrai temere attacchi», a Nenni confidava con aria complice: «Per lei ho fatto quello che nessuno ha fatto, cioè *Il Giorno*». Le polemiche divampavano: l'Eni aveva come compito statutario la ricerca e lo sfruttamento del metano e del petrolio, non il finanziamento d'un quotidiano fortemente passivo; ma in definitiva lasciarono, e continuano a lasciare il tempo che trovano.

CAPITOLO SECONDO

LA CRISI COMUNISTA

Il 1956 fu per Palmiro Togliatti un anno di tormenti. Morto Stalin era andato perduto, per lui come per gli altri dirigenti comunisti occidentali, un punto di riferimento dispotico e ingombrante: ma almeno sicuro, stabile, carismatico. La personalità dell'uomo emergente che in Urss imponeva la sua politica, e le sue iniziative sismiche, metteva a disagio il gelido veterano del Comintern. Kruscev era tanto rozzo, esuberante, aggressivo e imprevedibile quanto Togliatti era cauto e freddo. Con le sue azioni di rottura, intraprese il più delle volte lasciandone trapelare in anticipo, per i mandarini del comunismo, solo qualche segno premonitore, Kruscev mandava in pezzi vecchi schemi, di politica interna come di politica internazionale. I Partiti fratelli e vassalli erano costretti ad adeguare precipitosamente le loro formulazioni programmatiche a colpi di scena che sembravano capricciosi, e che erano comunque traumatici.

Già il processo di riconciliazione o almeno di rappacificazione tra Mosca e Belgrado, aveva creato al Pci non pochi imbarazzi. Per Togliatti la conversione dal filotitoismo all'antititoismo, anche se imposta da Stalin, era stata abbastanza agevole, e tutto sommato conveniente. Gli aveva consentito di riacquistare, sulla questione giuliana, un'autonomia e una dignità nazionali alle quali aveva dovuto in precedenza rinunciare in modo anche abbietto. Il divorzio tra Stalin e Tito era piaciuto in particolar modo ai comunisti triestini, il cui Partito era formalmente sganciato da quello italiano. Vittorio Vidali, il *Carlos* coraggioso e spietato della guerra civile spagnola, aveva approvato di tutto cuore lo scisma, sia perché era uno stalinista di ferme convinzioni, sia perché la sua italianità era diventata meno equivoca.

Ancora all'inizio del 1955 *l'Unità* – ma a firma di esponenti minori del Pci, non di Togliatti – aveva attaccato Tito e il suo regime. La grande svolta era tuttavia imminente. Quando sopravvenne, Togliatti secondo il suo solito l'approvò, senza entusiasmo. Non l'approvò invece Vidali. Questi – lo ha raccontato Giorgio Bocca nella sua biografia di Stalin – aveva incontrato a Mosca, nel marzo del '55, Vinogradov, membro del Comitato centrale. Vinogradov l'aveva sondato: «Ci piacerebbe sapere quale sarebbe la reazione di voi triestini nel caso noi ristabilissimo delle relazioni amichevoli con Tito». «Nessuna reazione – aveva risposto Vidali – sono affari vostri. Ma vorrei chiedere una cosa a te, compagno Vinogradov: cosa farete voi se Tito ricomincerà con le sue mire annessionistiche su Trieste?» «Sai come è la diplomazia, compagno Vidali. Noi lo appoggeremo, ma a debita distanza.» «Molto bene – aveva replicato Vidali – anche noi appoggeremo la vostra riconciliazione, ma a debita distanza.»

Kruscev, che non era mai timido nei suoi voltafaccia, aveva dato la sua versione della scomunica di Tito in un discorso pronunciato, con la consueta irruenza, all'aeroporto di Belgrado: «Deprechiamo sinceramente quanto è accaduto e respingiamo decisamente tutte le montature esagerate di quel periodo. Per quanto ci riguarda noi attribuiamo quelle montature, senza alcun dubbio, al ruolo provocatorio svolto nelle relazioni tra la Iugoslavia e l'Urss dai nemici del popolo Beria, Abakumov e altri che nel frattempo sono stati smascherati. Abbiamo compiuto un particolareggiato studio dei documenti su cui si fondavano le nostre accuse e gli insulti, rivolti allora ai dirigenti iugoslavi. I fatti dimostrano che questi documenti furono fabbricati dai nemici del popolo: gli agenti detestabili dell'imperialismo che si erano infiltrati nelle file del nostro Partito attraverso l'inganno».

Quell'autocritica ebbe il significato d'una sconfessione per Vidali, che sul *Lavoratore*, l'organo dei comunisti triestini, scrisse: «La nostra sorpresa per questa affermazione è stata enorme, e ha scosso il nostro Partito come la bora scuote i nostri alberi... I comunisti triestini devono sentirsi fieri della lotta combattuta specialmente in questi ultimi anni per ricostruire il Partito sulle basi del marxismo leninismo stalinismo e dell'internazionale socialista».

Togliatti tentò di ridurre alla ragione l'ostinato Vidali ottenendone, dopo un lungo tu per tu, solo una vaga promessa: «Ci ripenserò, ma lo sai che non dipende da me, dipende dai compagni, anche da quelli che non ci sono più». Era un grosso fastidio, che Togliatti tentava di liquidare, quando gliene veniva fatto cenno, con una frase tra il bonario e lo sprezzante: «Quello (Vidali) sapete è molto bravo a sparare, ma non tanto a pensare». Senonché Concetto Marchesi, del quale non si poteva dire che fosse più bravo a sparare che a pensare, era sulle stesse posizioni di Vidali.

Se questo era un fastidio, i guai veri, e grossi, cominciarono poco tempo dopo. Al XX Congresso del Partito comunista sovietico, aperto a Mosca il 16 febbraio 1956, assistette una delegazione italiana comprendente Togliatti, Salvatore Cacciapuoti, Mauro Scoccimarro e Paolo Bufalini. Togliatti fu chiamato a far parte della presidenza; era del tutto all'oscuro del «rapporto segreto» che Kruscev aveva in animo di leggere a porte chiuse, e che denunciò i crimini di Stalin. Credeva – per lunga esperienza moscovita, e non ancora ammaestrato a sufficienza dai comportamenti di Kruscev – che il segretario si sarebbe limitato a pronunciare una delle chilometriche e reticenti relazioni cui le assemblee congressuali erano allenate: esaltazione dei mirabili successi ottenuti dal «socialismo», annuncio di nuovi e ambiziosi obbiettivi, ammissione di carenze e lentezze, promesse di riorganizzazioni e cambiamenti di rotta in determinati settori.

Il discorso ufficiale di Kruscev fu, secondo tradizione, interminabile (sette ore di lettura «monotona e opaca», ricordò Vidali): ma le delegazioni straniere notarono una omissione sconvolgente. Stalin, che al XIX Congresso era stato citato quasi in ogni periodo, tra acclamazioni, non venne mai nominato. I delegati sovietici, preoccupati solo d'applaudire quando la *claque* ne desse il segnale, non se ne accorsero, o così parve. Ma gli stranieri ne furono stravolti. Lo stesso Vidali registrò quest'impressione: «Nella relazione si parla del potenziamento della democrazia sovietica, del rispetto della legalità, dei diritti dei cittadini, della Costituzione che nel passato è stata violata *da una certa personalità*. Questa certa personalità sta riempiendo di sé la parte finale della relazione. Stalin, la sua ombra, il suo ricordo aleggiano nella sala. Tutti ne sono consapevoli. Mi chiedo, con rabbia: ma perché non lo nominano? Hanno paura? Questa *certa personalità* è Stalin, non può essere che lui. Il mio vicino brasiliano mi assicura che è Beria». Vidali era così indignato che rifiutò poi di salire alla tribuna per portare il saluto del suo Partito, e Togliatti lo rimproverò: «Dovevi parlare, hai offeso tutti, anche me che sedevo alla presidenza». «Non me la sentivo» ribatté secco Vidali.

Il rituale del Congresso si dipanò secondo schemi abbastanza consueti. Il corrispondente dell'*Unità* Giuseppe Boffa, ogni riga del quale era controllata da Togliatti, ne fornì ai lettori comunisti italiani una cronaca edulcorata e scialba, nella quale era impossibile trovare un sussulto d'emozione per ciò che stava avvenendo: nientemeno che la demolizione del mito cui il comunismo mondiale era rimasto ancorato per decenni.

Dopo la relazione di Kruscev, Boffa sentenziò che il suo più importante passo era stato quello «che concerne la riduzione della giornata lavorativa». E dopo un discorso di Mikoian scrisse che «erano stati analizzati, con grande audacia critica, problemi molto diversi, ma tutti di eguale valore, che vanno dalla direzione collettiva alla possibilità di evitare guerre atomiche, dal commercio interno e internazionale allo sviluppo della scienza». Il giornalista si fece più ardimentoso nel commento al discorso di Suslov registrando che «la teoria e la pratica del culto della personalità hanno portato un danno considerevole al lavoro del Partito, sia organizzativo che ideologico». Per i lettori dell'*Unità* si trattava di «rettifiche» a qualche errore. E invece era la fine di un'epoca.

Togliatti seppe del rapporto segreto (pronunciato il 25) la sera del 17 febbraio: e lo seppe, secondo Giorgio Bocca, in maniera romanzesca: «Salgono nella sua stanza d'albergo due ufficiali sovietici, posano sul tavolo un cofano di metallo, lo aprono. Dentro c'è il rapporto: Togliatti può leggere, ma i due ufficiali stanno di guardia alla porta. L'ordine per ora è di tacere. Ad Amadesi, che anche a nome degli altri gli chiede notizie sulla misteriosa ambasceria, risponde: "Niente, sciocchezze, tu li conosci con la loro mania della segretezza"».

Togliatti tenne la bocca chiusa. Ma, anche senza il «rapporto segreto», era apparso evidente agli altri componenti la delegazione italiana che i comunisti avrebbero dovuto camminare, da allora in poi, senza appoggiarsi a Stalin. A Vidali, forse il più inquieto, Togliatti raccomandò di non lasciar trapelare nulla, al ritorno a Trieste. «Come posso farlo?» l'interrogò Vidali. E Togliatti, pronto: «Parla di tutto il resto».

Il 7 marzo Togliatti era a Roma, e a un redattore dell'*Unità* rilasciava una dichiarazione in cui definiva il XX Congresso «un avvenimento che supera, per la sua importanza, tutti gli avvenimenti politici degli ultimi anni» senza scendere in particolari. E anzi ammonendo «gli sciocchi e i venduti» che «latrano e continueranno a latrare, ma di essi la storia non terrà conto». Con un intuito allenato da lunga esperienza i pezzi grossi del Pci rimasti a casa avevano subodorato il mistero che stava dietro la *langue de bois* dei comunicati e delle frasi fatte. Pajetta, Amendola e Negarville non furono in grado, alla stazione Termini, di farsi raccontare nulla da Togliatti: ma catturarono Bufalini e Cacciapuoti, e cercarono di torchiarli. «Noi dicemmo – ha raccontato Cacciapuoti – che si era parlato di culto della personalità, della legalità socialista violata, di campi di concentramento e di qualche morto. Poi dicemmo che era aumentata la produzione delle patate, del granturco, dei maiali ecc. ... In seguito, quando si seppero più cose, Negarville mi sfotteva con le patate e il granturco.»

Mentre nei mezzi d'informazione occidentali si moltiplicavano le indiscrezioni e illazioni sul «rapporto segreto», Togliatti cercava di barcamenarsi ammettendo che nel XX Congresso alcune certezze del passato erano crollate, ma inserendo il terremoto in un «quadro generale» che preservava l'essenziale. Nel Comitato centrale del Pci, convocato il 13 marzo, il Migliore ridimensionò, ma *con juicio*, la figura di Stalin. Questi «è stato e rimane una grande figura di tutto il movimento, per ciò che egli ha dato alla creazione del Partito bolscevico e alla elaborazione della sua dottrina anche prima della Rivoluzione; per il contributo che ha dato alla vittoriosa Rivoluzione dell'ottobre 1917 e che ha dato alla vittoria e al consolidamento della Repubblica dei Soviet e dello Stato sovietico. Stalin è stato un grande marxista». Con qualche pecca. «Il suo errore successivo fu di mettersi, a poco a poco, al di sopra degli organi dirigenti del Partito stesso, sostituendo a una direzione collettiva una direzione personale. Si venne così creando quel culto della personalità che è contrario allo spirito del Partito e che non poteva non arrecare danni.»

Il Comitato centrale s'accontentò di questa diagnosi, anche se da Mosca l'obbediente Boffa era costretto a occuparsi, per inciso e sfuggentemente, del «rapporto segreto». «Qui non se ne conosce il tenore esatto in quanto si tratta di testo elaborato nelle redazioni occidentali. Da quanto si sa, appare tuttavia che conterrebbe anch'esso talune contraffazioni e riferirebbe fatti non corrispondenti alla realtà.» Ingrao, direttore del quotidiano comunista, fu ancora più reciso nella negazione. Asserì che la «stampa reazionaria... ha fabbricato un suo testo della relazione di Kruscev alla seduta speciale e poi ha inventato che Kruscev avrebbe definito Stalin la belva umana assetata di sangue».

Ai primi di aprile, durante un Consiglio nazionale del Pci, Togliatti fu più che mai sfuggente. Perfino la docile assemblea che gli stava davanti non seppe nascondere la sua delusione. Il discorso del segretario fu coronato da applausi fiacchi. Scendendo dalla tribuna, Togliatti chiese a Giorgio Amendola come fosse andata. «È andata male» fu la risposta. «Perché?» «Non hai parlato della sostanza del XX Congresso, delle critiche a Stalin: avevamo deciso che tu parlassi esplicitamente.» «Ah, me ne sono dimenticato» disse Togliatti candido.

Il 4 giugno il *New York Times* pubblicò integralmente il «rapporto segreto», il cui testo gli era stato fatto pervenire, sembra ormai assodato, da emissari sovietici. La storiella del rapporto artefatto e fabbricato dai biechi capitalisti non reggeva più. Tra i compagni, anche i più fedeli, si diffuse lo sconcerto, una sensazione di parricidio e insieme di perdita della stella polare del Partito. Tommaso Chiaretti (attingiamo molte di queste notizie dal volume di Felice Froio *Togliatti e il dopo Stalin*, edito da Mursia) spiegò che «il clima che colse tutta la redazione (dell'*Unità*

– *N.d.A.*) fu soprattutto di avvilimento». Bruno Corbi, allora deputato comunista, disse che «quando conoscemmo il rapporto Kruscev fu come se ci crollasse il terreno sotto i piedi... Eravamo stati educati al culto di Stalin, l'Uomo buono, il Grande Padre degli oppressi, il Difensore degli umili. Ci sentimmo traditi».

La bomba del XX Congresso era scoppiata pochi giorni dopo la celebrazione delle elezioni amministrative (27 maggio) nelle quali il Pci aveva tenuto, nonostante tutto. Non è certo comunque che il «rapporto segreto» avrebbe influito sui risultati. In molte occasioni l'elettorato comunista ha dimostrato d'essere impermeabile alle ripercussioni di avvenimenti internazionali che alle fortune del Pci avrebbero dovuto dare picconate devastatrici.

A quel punto Togliatti decise di uscire dal riserbo. Non lo fece affrontando le domande di giornalisti indipendenti. La sua intervista a *Nuovi Argomenti* aveva piuttosto le caratteristiche d'un saggio politico, o d'una memoria curialesca. La difesa condizionata di Stalin non bastava più anche se aveva avuto l'avallo di intellettuali noti (il 14 aprile 1956 Lucio Lombardo Radice aveva orgogliosamente affermato, sul *Contemporaneo*, che «continuo a considerare Stalin un classico del marxismo, uno dei più grandi pensatori e rivoluzionari della nostra epoca»). Ci voleva qualcosa di più.

Togliatti avviò l'intervista con una dichiarazione: era sbagliato ritenere che i dirigenti sovietici avessero «buttato a mare, o si accingano a buttare a mare tutte le loro posizioni di principio e pratiche, tutto il loro passato, tutto ciò che hanno affermato, sostenuto, difeso, attuato in tanti decenni del loro lavoro». Altrettanto sbagliato era «condannare le critiche a Stalin» e ridurne l'origine a una «lotta di potere». Dopodiché Togliatti rivendicò la superiorità del sistema sovietico «molto più democratico e progredito di qualsiasi sistema democratico tradizionale», spiegò che la riunione del potere nelle mani di un solo uomo era stato frutto della necessità, addebitò a Stalin l'errore d'avere insistito in questo regime dispotico anche quando lo stato di necessità era finito.

Ma l'avallo cieco del Pci alle versioni di Mosca sui processi e sulle cospirazioni, con le condanne che ne derivarono, come si spiegava? «I comunisti di tutto il mondo ebbero sempre una fiducia senza limiti nel Partito comunista sovietico e nei suoi dirigenti. Onde sgorgasse questa fiducia è più che evidente... Oggi sono tutti d'accordo, fatta eccezione per i reazionari più chiusi, nel riconoscere che la creazione dell'Unione Sovietica è il fatto più grande della storia contemporanea... Di questo rapporto di fiducia e solidarietà non vi è quindi nessuno di noi che abbia a pentirsi.»

Togliatti in fin dei conti non chiariva. Chiedeva un rinnovato atto di fede. A distanza di alcuni giorni riconobbe che il modo in cui il Pci era stato informato del rapporto «è stato cattivo, ma d'altra parte chiediamo si riconosca che la nostra responsabilità non è impegnata per nulla. Per ragioni di evidente correttezza verso i compagni sovietici, non potevamo agire se non come abbiamo agito». Promise comunque un ampio dibattito nel Congresso indetto per la fine dell'anno.

Ma i triboli non erano finiti. Ne dovevano arrivare, per Togliatti, altri e peggiori. Il 28 giugno divampò a Poznan, in Polonia, una rivolta operaia che innescò convulsioni e fermenti incontenibili: il cui epilogo fu, in autunno, l'avvento al potere di Wladislaw Gomulka, imprigionato e torturato durante il terrore staliniano, e ora acclamato come riformatore. Il Pci aderì servilmente alla versione moscovita. Sull'*Unità* gli episodi polacchi furono presentati con il titolo *A che mirava la provocazione*, e il testo dell'articolo, dopo un accenno a «ritardi» nel discutere le rivendicazioni operaie, e a «errori e difetti non ancora liquidati

36

nel campo dei rapporti tra il cittadino e lo Stato» concludeva sfacciatamente: «Qui si è inserita l'azione dei nemici dello Stato popolare, i quali hanno innestato nella protesta operaia un attacco armato contro edifici pubblici e sedi del Governo locale, diretto a provocare spargimento di sangue e rotture gravi. Lo scopo non è difficile a vedersi, e del resto è chiaramente confessato da quei circoli atlantici che da anni vanno incitando allo scatenamento di torbidi e provocazioni nelle democrazie popolari». Nulla di cui preoccuparsi seriamente, insisteva Togliatti.

Ma c'era, nel Pci, chi non reggeva più il morso del segretario. Fabrizio Onofri e Antonio Giolitti furono i più irrequieti. Onofri, che nel Comitato centrale voleva esprimersi senza peli sulla lingua, fu interrotto da Emilio Sereni, che presiedeva, «perché il tempo è scaduto». Chiese che il testo integrale del suo intervento fosse pubblicato su *Rinascita*, e l'ottenne, meritandosi tuttavia, sempre su *Rinascita*, una sprezzante reprimenda di Togliatti: il quale l'estromise successivamente da ogni incarico relegandolo agli Editori Riuniti, vero cimitero degli elefanti (c'era finito anche Pietro Secchia dopo il «caso Seniga»).

Agitata e inconcludente – Ingrao non ottenne che i presenti approvassero le sue proposte – fu una assemblea degli universitari romani fitta di voci insoddisfatte e irritate, alle quali si contrappose il plumbeo conformismo di Aldo Natoli, vicesegretario della Federazione romana, di Giovanni Berlinguer, del segretario della Federazione giovanile comunista Giunti. Un giorno a Roma un gruppo abbastanza folto di militanti si fece ricevere dal segretario Nannuzzi e gli consegnò una lettera che esortava il Pci a pronunciarsi in favore dei comunisti polacchi che rivendicavano maggiore indipendenza. Nannuzzi riferì a Togliatti che liquidò la faccenda come un segno di nervosismo, non meritevole di particolare attenzione.

La rivolta di Budapest, e l'intervento militare sovietico, tra fine ottobre e i primi di novembre del 1956, resero incandescenti le passioni che percorrevano l'universo comunista italiano, al di sotto del suo olimpico e remoto Nume. Per *l'Unità* la chiave dei fatti stava, una volta di più, nella «provocazione». «Verso le 21 (del 23 ottobre – *N.d.A.*) i tentativi di provocazione che si erano già avuti alla fine della manifestazione popolare si ripetevano in forma più grave. Gruppi di teppisti i quali lanciavano *slogans* che incitàvano apertamente ad una azione controrivoluzionaria, a bordo di camion e di motociclette e a piedi si dirigevano verso il Parlamento, verso la sede della radio e verso piazza Stalin... I teppisti, approfittando anche del fatto che la polizia non intendeva usare le armi tornavano alla carica... sparando per la prima volta alcuni colpi di arma da fuoco. Gli agenti erano allora costretti a rispondere, stroncando il tentativo dei teppisti di infiltrarsi negli uffici. Era così che si avevano le prime vittime. L'atteggiamento responsabile della polizia limitava le perdite umane.» E così via scrivendo, su questa falsariga: ben diversa da quella che la stessa *Unità* riserbava a episodi di piazza e a interventi della polizia in Italia.

Gli universitari comunisti non erano d'accordo. Un loro gruppo consegnò all'ambasciata d'Ungheria un documento che salutava «la vostra (sottinteso della popolazione, non dei dirigenti – *N.d.A.*) responsabile azione per il progresso della democrazia, della verità, della libertà nell'Ungheria socialista». Quest'impostazione fu ribadita in un ordine del giorno che esprimeva «adesione al processo di democratizzazione e quei movimenti che si stanno manifestando attualmente in questo senso in Ungheria ed in Polonia in seno alla classe operaia e sotto la direzione dei comunisti».

Era una smentita alla tesi del complotto «borghese» e della ribellione antirivoluzionaria. La Cgil, presente Giuseppe Di Vittorio, deliberò un documento che condannava sia la repressione poliziesca sia la pesante intromissione sovietica. «Il progresso sociale – affermava la Cgil – è possibile soltanto col consenso e la partecipazione attiva della classe operaia e delle classi popolari... La Cgil, fedele al principio del non intervento di uno Stato negli affari di un altro Stato, deplora che sia stato richiesto e si sia verificato in Ungheria l'intervento di truppe straniere.»

Era molto, per Togliatti era senz'altro troppo. Aveva deciso che la linea del Partito sarebbe stata di totale sostegno all'azione di Mosca. A rafforzarlo in questa presa di posizione contribuì il 2 novembre – mentre le truppe dell'Armata Rossa marciavano su Budapest – una richiesta di solidarietà politica arrivata, tramite l'ambasciata a Roma, dal Politburo di Mosca.

Già il 25 ottobre, in un articolo sull'*Unità* dal titolo *Da una parte della barricata a difesa del socialismo*, il Migliore s'era prodotto nei suoi tortuosi e cinici sofismi. «I ribelli controrivoluzionari hanno fatto ricorso alle armi. La rivoluzione socialista ha difeso con le armi se stessa, le sue conquiste, il potere popolare come è suo diritto e dovere sacrosanto... In Ungheria dove si attenta, con le armi alla mano, alla legalità socialista, il potere risponde necessariamente colpo su colpo, sul terreno armato su cui si è posta la sedizione controrivoluzionaria. Il Governo ungherese per sconfiggere la rivolta ha chiesto aiuto alle truppe sovietiche di stanza in Ungheria in base al Patto di Varsavia. Noi siamo vivamente addolorati che si sia dovuti giungere a questo punto.»

Addolorato ma irremovibile nella sua sudditanza a Mosca, Togliatti tornò sull'argomento il 30 ottobre. Ammise «l'incomprensibile ritardo dei dirigenti del Partito e del Paese» nel capire le esigenze popolari, ma concluse come cinque giorni prima. «Alla sommossa armata, che mette a ferro e fuoco la città, non si può rispondere se non con le armi, perché è evidente che se ad essa non viene posto fine, è tutta la nuova Ungheria che crolla. Per questo è un assurdo politico, giunti a questo punto, volersi porre al di sopra della mischia, imprecare o limitarsi a versare lagrime. La confusione era tale che hanno aderito alla sommossa lavoratori non controrivoluzionari. L'invito rivolto alle truppe sovietiche, segno della debolezza dei dirigenti del Paese, ha complicato le cose. Tutto questo è molto doloroso, tutto questo doveva e forse poteva evitarsi, ma quando il combattimento è aperto, e chi ha preso le armi non cede, bisogna batterlo.»

A ciglio asciutto Togliatti assisteva dunque alla tragedia. Ma gli premeva di porre riparo alla deprecabile svista di Di Vittorio, che essendo (l'espressione è dello stesso Togliatti) «un sentimentale non un politico» s'era lasciato indurre a sottoscrivere un documento eretico. Di Vittorio, turbato e cupo, fu convocato alle Botteghe Oscure. Vi si recò in compagnia della moglie Anita. «Anita che attende in anticamera – ha scritto Felice Froio – è in ansia perché l'emozione, la collera o il nervosismo del marito potrebbero avere conseguenze su un fisico minato da un recente infarto: in tremante attesa, tiene pronta nella borsa una siringa.»

Togliatti ricevette il *leader* sindacale insieme ad altri maggiorenti del Partito. Cosa sia stato detto, lo sanno solo i presenti, e nessuno ha parlato. Quando Di Vittorio uscì era un uomo vinto. Antonio Giolitti, che abitava nella stessa palazzina (riservata ai parlamentari) in cui aveva un appartamento Di Vittorio, e che gli era amico, ne raccolse uno sfogo patetico. «Scoppiò a piangere pronunciando dure parole verso quei regimi che definì impopolari. Diceva singhiozzando come un ragazzo, lui il forte, che la classe operaia non meritava cose simili.»

Ma il forte si piegò, e la domenica successiva, in un comizio a Livorno, recitò un impacciato *mea culpa*. «Poiché l'unità è un bisogno vitale di tutti i lavoratori – disse – è necessario che tutte le correnti sindacali sappiano imporsi dei sacrifici nelle proprie vedute particolari per contemperarle con quelle delle altre correnti al fine di evitare incrinature e divisioni dei lavoratori e consolidare la loro unità. Sotto questo aspetto mi sia consentito di rilevare che io e gli altri compagni comunisti membri della segreteria della Cgil abbiamo offerto nei giorni scorsi una prova eccezionale. Difatti sui tragici avvenimenti di Ungheria noi abbiamo accettato la dichiarazione comune della segreteria confederale che in qualche punto non corrisponde integralmente alle nostre convinzioni. Per amore dell'unità altre volte i compagni socialisti e delle altre correnti della Cgil hanno fatto lo stesso.»

Tra socialisti e comunisti si stava aprendo una frattura profonda come non mai. «C'è sempre – annotava Nenni sul suo diario il 28 ottobre 1956 – l'identificazione dei comunisti con le posizioni di Stato e di potenza dell'Unione Sovietica.» E aggiungeva, riferendosi all'attacco anglo-francese al Canale di Suez, scatenato proprio in quei giorni, e bloccato sia dalle minacce di ritorsioni sovietiche sia dal veto statunitense: «Anche il settore occidentale impazzisce. Inglesi e francesi si sono buttati in un'avventura contro l'Egitto, intervenendo con la scusa dell'incidente tra Tel Aviv e il Cairo. Hanno contro gli Stati Uniti e l'Unione Sovietica».

Il 4 novembre il tono di Nenni si fece più accorato: «Mosca ha creato un Governo Quisling, con alla testa Kadar. Forse è peggio di un delitto, è un errore irrimediabile... Così l'Unione Sovietica rimane a Budapest in funzione di gendarme. Ho raccolto a casa i compagni della direzione. Tutti (salvo Lussu che si arrampica sugli specchi dell'equivalenza Budapest-Suez) erano concordi sulla necessità di una presa di posizione immediata. Sandro (Pertini – *N.d.A.*) era commosso fino alle lagrime. Ho fatto una dichiarazione all'Ansa per condannare l'intervento e scongiurarne le conseguenze. Avrei voluto rimandare a Mosca il premio Stalin per la pace. Ma il gesto, che pure va fatto, comporta una teatralità che mi infastidisce. I compagni mi hanno chiesto di non farlo, o di non farlo oggi».

L'importo del premio (15 milioni) fu da Nenni restituito in dicembre, con l'intesa che sarebbe stato destinato a opere benefiche, tramite la Croce Rossa ginevrina.

Il dovere dell'obbedienza, anche se sofferta, aveva messo a tacere in qualche modo il dissenso di alcuni dirigenti comunisti, fossero pure della levatura d'un Di Vittorio. Ma gli intellettuali, soprattutto quelli più genuinamente idealisti, disinteressati, giovani, e indifferenti alle lusinghe delle conventicole, dei posti e dei premi procacciati dal Partito, non potevano essere domati altrettanto facilmente. Il direttore della rivista *Società*, Carlo Muscetta, tracciò la bozza d'un documento che, discusso turbolentemente per un'intera notte nella sezione comunista romana del quartiere Italia, raccolse 101 firme. Figuravano tra i sottoscrittori (ne citiamo alcuni), oltre al Muscetta, Natalino Sapegno, Lucio Colletti, Elio Petri, Enzo Siciliano, Antonio Maccanico, Renzo De Felice, Lorenzo Vespignani, Alberto Asor Rosa, Giorgio Candeloro, Piero Melograni, Paolo Spriano, Vezio Crisafulli. Antonio Giolitti, che concordava, non firmò perché era deputato del Pci.

Il Manifesto dei 101, come fu chiamato, aveva un avvio conciliante e riconducibile alle posizioni togliattiane: ma poi se ne distaccava rudemente. «La condanna dello stalinismo – vi si precisava – è irrevocabile.» E poi: «Il nostro Partito non ha formulato finora una condanna aperta e conseguente dello stalinismo. Da mesi si tende a minimizzare il significato del crollo del culto e del mito di Stalin, si cerca di nascondere al Partito i crimini commessi da e sotto questo dirigente definendoli errori o addirittura esagerazioni».

Più avanti, per quanto riguardava l'Ungheria: «Occorre riconoscere con coraggio che in Ungheria non si tratta di un *putsch* o di un movimento organizzato dalla reazione (la quale tra l'altro non potrebbe trascinare con sé tanta parte della classe operaia) ma di un'ondata di collera che deriva dal disagio economico, da amore per la libertà e dal desiderio di costruire il socialismo secondo una propria via nazionale, nonostante la presenza di elementi reazionari».

Il Manifesto dei 101 chiedeva, concludendo, «un rinnovamento profondo nel gruppo dirigente del Partito» e la integrale e immediata pubblicazione del documento sull'*Unità*.

Il Manifesto fu pronto il 29 ottobre. Un paio di giorni dopo – Lucio Colletti ha ricostruito questa vicenda sull'*Espresso* – Colletti stesso e Alberto Caracciolo lo recapitarono alle Botteghe Oscure. Li ricevette Giancarlo Pajetta – che in quei frangenti s'era distinto alla Camera con il grido «Viva l'Armata Rossa» – e subito obbiettò che i firmatari mancavano di realismo. «Il mondo è diviso in due blocchi... forse non sapevate che l'Estonia la Lituania e la Lettonia sono occupate dai russi?»

L'Ansa fu in grado di diffondere, grazie a una «fuga», il testo integrale del Manifesto, mentre Alicata, Ingrao, Pajetta, Bufalini tentavano con la suasione e con moniti bruschi di ottenere dei pentimenti e delle abiure, e alcuni ne ottennero. Già l'indomani *l'Unità* poté annunciare che quattordici sottoscrittori si erano dissociati, sostenendo d'aver ritenuto che il Manifesto servisse solo al dibattito interno. Vistolo pubblicato, s'erano convinti che fosse stata carpita la loro buona fede. Tra i «disertori» figurarono Elio Petri, Paolo Spriano, Lorenzo Vespignani.

A dar man forte agli intellettuali che approvavano i carri armati a Budapest sopravvenne Concetto Marchesi, che qualcuno aveva incautamente creduto di poter collocare tra gli inquieti: «Sull'insurrezione ungherese penso che un popolo non si rivendica in libertà tra gli applausi della borghesia capitalistica e le celebrazioni delle messe propiziatorie. Quanto all'onorevole Togliatti, io mi trovo anche in questo momento al suo fianco». Togliatti ne fu estasiato, e ringraziò Marchesi per «lo spirito di classe e di Partito che l'aveva sempre guidato».

Le proteste e le defezioni si susseguivano, ma Togliatti era riuscito ad evitare un'emorragia vistosa. L'8 novembre, in una riunione del gruppo parlamentare comunista alla Camera, egli mise in stato d'accusa Bruno Corbi. Giolitti, altro eretico, era assente per la morte del padre, e d'altro canto dato il nome che portava doveva essere trattato con più riguardo. Ma fu posto sotto sorveglianza stretta. «Ogni volta che andavo nel mio collegio di Cuneo, ed era prevista una riunione della Federazione, venivo seguito da due angeli custodi, ossia da Bufalini e da Barca.»

Ancora più risolutamente di Giolitti, prese posizione Eugenio Reale, ex-ambasciatore italiano a Varsavia e un tempo comunista di sicura ortodossia (alla Conferenza della pace di Parigi, dove Reale faceva parte della delegazione italiana, De Gasperi non lo voleva alle riunioni più delicate perché aveva la convinzione che ogni parola sarebbe stata riferita all'ambasciata sovietica, oltretutto assai vicina di sede alla nostra: o lo ammetteva solo se gli faceva comodo che certe cose fossero risapute). Eugenio Reale fu successivamente espulso dal Partito. Aveva scritto una lettera, pubblicata dal *Corriere della Sera*, in cui condannava coloro che erano rei d'avere approvato «una politica che ha schiacciato l'eroica insurrezione ungherese e ha poi soffocato nel sangue l'aspirazione di quel popolo alla libertà».

E così venne l'ora del Congresso, l'ottavo del Pci, che si aprì nel pomeriggio dell'8 dicembre 1956, all'Eur, nel Palazzo dei Congressi. Secondo Bruno Corbi «l'aria era greve» perché «la grande famiglia monolitica mostrava le prime crepe». Ma un rituale scrosciante applauso, e il canto di *Bandiera Rossa*, accolsero Palmiro Togliatti, che non lasciava trapelare alcun segno di agitazione.

La sua relazione fu, come voleva la consuetudine, prolissa (tre ore buone): non evitò i punti scabrosi ma li aggirò con tecnica che sarebbe stata di sicuro effetto nel chiuso ambiente delle «democrazie popolari» ma che lì, in una città e in un Paese che ribollivano d'informazioni e di polemiche, risultò meno convincente. Riconobbe, come aveva fatto nei mesi precedenti, che i capi comunisti dell'Est avevano peccato per «chiusura ideologica, imprevidenza e testarda resistenza... mentre dal basso si scatenava non più una critica ma una vera campagna pubblica di denigrazione contro i dirigenti del Partito, il Partito stesso e il regime intiero».

Che fare, allora? «Queste cose si debbono superare e si superano facendo opera di persuasione e concentrando il fuoco contro il nemico che specula per portare acqua al suo mulino, contro le forze della reazione che spera invano di aver trovato la strada che le consenta di rialzare il capo.» Il sistema, insistette Togliatti, è valido, è anzi (come lui stesso) il migliore. «Errano coloro che ritengono che quei mali fossero inevitabili. Ancora più gravemente coloro che su di essi cercano di fondare una vana critica distruttiva.» Gli intellettuali, sottolineò Togliatti, avevano dimostrato «una maggiore irrequietezza e tendenza alla indisciplina frazionistica, poi superate». Potevano guarire di questi mali mettendosi «a più stretto contatto con tutta la vita del Partito nelle sue istanze normali».

La maggioranza degli interventi portò mattoni all'edificio togliattiano. Lo fece, da *ultra*, Concetto Marchesi, che scagliò in quella sede la sua celebre frecciata contro Kruscev, dopo aver celebrato l'uomo (Stalin) «che parve compendiare in sé, durante lunghi e terribili anni, l'anima e la forza dell'Urss». «Tiberio – disse a questo punto Marchesi – uno dei più grandi e infamati imperatori di Roma, trovò il suo implacabile accusatore in Cornelio Tacito, il massimo storico del principato. A Stalin, meno fortunato, è toccato Nikita Kruscev.»

Per l'Ungheria Concetto Marchesi fu spicciativo: «È indubitato che senza l'intervento delle forze sovietiche l'Ungheria sarebbe oggi in mano alla più spietata reazione. Si è ripetuto e si ripete che nella sommossa erano operai e studenti: ma l'operaio socialista che combatte fianco a fianco al fascista si mette dalla parte del fascismo... La qualifica di operaio e di studente non basta a nobilitare la loro azione».

Con minore spavalderia, con il grigiore d'un chierico che mai contraddice i suoi vescovi e il suo Papa, Enrico Berlinguer fu togliattiano come più non si sarebbe potuto. Non tirava ancora aria adatta per le sue aperture d'un paio di decenni dopo. Alla celebrazione che fingeva d'essere spregiudicata e critica per mascherare il suo sostanziale rifiuto sia della spregiudicatezza sia della critica non s'adattò un militante di secondo o terzo rango, Valerio Bertini, delegato di Firenze.

Questo toscano schietto domandò cosa mai dovessero pensare, i compagni, del modo in cui il Partito li aveva eruditi: «Là (in Urss e satelliti – *N.d.A.*) le galline facevano più uova e le mucche partorivano di più: in tal modo si rappresentava il clima del Paradiso di quei Paesi, e se c'era l'ostacolo Rajk, si eliminava Rajk e tutto tornava come prima, nel modo migliore. Questa era la realtà che i compagni leggevano sull'*Unità*. Ma poi cosa è avvenuto? Poi ci sono state le rivelazioni del XX Congresso che ci sono giunte attraverso il Dipartimento di Stato e la stampa borghese. Stalin era un maniaco criminale. E oggi gli operai assistono a clamorose riabilitazioni e leggono stupefatti sull'*Unità* la macabra farsa del secondo funerale di Rajk. Ma in realtà niente era sostanzialmente mutato e così capitano i tragici avvenimenti d'Ungheria e solo allora *l'Unità* scopre che troppo alti erano gli stipendi dei funzionari e dei poliziotti, scopre che erano sbagliati i "sabati rossi" e l'insegnamento obbligatorio del russo nelle scuole, scopre che i gerarchi viaggiavano per le città in lussuosissime automobili con tendine abbassate e che erano distaccati dagli operai, dai contadini, insomma dalla maggioranza del Paese». Togliatti ascoltava infastidito quelle proposizioni così rozze, semplici, poco ideologizzate, poco culturali, insomma volgari.

In nome suo Enrico Berlinguer rimproverò compuntamente Bertini che aveva usato «espressioni e parole di un linguaggio che non è, che non può né deve essere il linguaggio che militanti rivoluzionari usano nei confronti di un Partito che è il loro». La replica finale di Togliatti fu scontata e burocratica. Sì alla critica costruttiva, no alla critica distruttiva, avanti verso le immancabili future conquiste ecc. ecc. Su 1064 delegati Togliatti ebbe il sì di 1022. Ciò significava che il «centralismo democratico», con la manipolazione precongressuale, con i lavaggi del cervello ai dissidenti, con la forza della consuetudine unanimista, aveva ridotto l'eresia a frange infime di militanti.

Vi fu nel Pci una perdita notevole di iscritti, mancarono per qualche tempo le vocazioni ad essere funzionari del Partito, ma elettoralmente la «macchina» continuò a tenere egregiamente. Togliatti poteva dirsi soddisfatto del lavoro compiuto. Nel 1958, quando gli sarà data notizia della fucilazione di Imre Nagy, commenterà con freddo distacco: «Ho visto che deputati di tutte le correnti, a cominciare dai fascisti, naturalmente, hanno fatto rumorose dichiarazioni a proposito del processo e della condanna dei capi della rivolta ungherese del 1956. Per conto mio, non ho nulla di particolare da dichiarare... La lotta in Ungheria fu... una esasperata lotta politica e di classe fra la reazione ed un regime popolare che dovette alla fine difendersi con tutti i mezzi».

CAPITOLO TERZO

IL DILEMMA DI NENNI

Mentre il Pci era investito da questa bufera storica e politica di terribile violenza, la Democrazia cristiana soffriva (e con essa il Governo) dei suoi mali di sempre: le lotte di correnti, i personalismi, i colpi bassi di corridoio, gli agguati dei franchi tiratori in Parlamento, l'affiorare di scandali, lo scatenarsi di avidità e ambizioni. L'avversario era alle corde, ma un Partito di questa fatta non poteva profittare interamente della sua crisi. Nei momenti più favorevoli, qualche amico del nemico provvedeva sempre a sguarnire lo schieramento del proprio esercito. L'economia «tirava», gl'italiani (quelli almeno che potevano) si arricchivano, il Presidente del Consiglio Segni faceva dell'ordinaria amministrazione e il segretario della Dc Fanfani enunciava i suoi propositi di progressismo statalista, benedetto anche in forme molto tangibili da Enrico Mattei.

Nel VI Congresso democristiano, a Trento (ottobre del 1956), Fanfani tessé le lodi dell'Iri, auspicando una maggiore ingerenza pubblica nella vita economica: «L'Iri abbia finalmente il nuovo statuto che lo renda strumento primo del nostro progresso industriale e gli consenta di orientare le aziende dipendenti in modo tale da essere sul mercato elementi e fattori di concorrenza, capaci quindi di contrastare la formazione di posizioni monopolistiche. Con la sua azione amministrativa e legislativa nel campo delle concessioni (Mattei ne sapeva qualcosa – *N.d.A.*) del credito, dei prezzi, della tassazione, lo Stato impedisce la formazione e l'esercizio di monopoli nocivi all'economicità del nostro sistema, alla libertà della nostra democrazia».

Fanfani vinse largamente, con la sua corrente di «Iniziativa democratica». Seguirono «Forze sociali» (primo eletto il sindacalista Giulio Pastore), la «Base» (primo eletto Sullo) e «Primavera» (primo eletto Andreotti). Gli Scelba, i Gonella, i Pella rimanevano autorevoli per la platea nazionale ma erano esautorati nel Partito.

Collocato nell'ombra d'un segretario onnipresente – che si credeva, e sbagliava, anche onnipotente – Segni, che pure non difettava di carattere, procedeva piuttosto a rimorchio. Non è che siano mancati, in quel periodo, provvedimenti di rilievo. Tale fu senza dubbio la legge che garantì all'Eni l'esclusiva della ricerca e dello sfruttamento degli idrocarburi in tutto il territorio italiano, Sicilia esclusa. E tale fu la creazione della Corte Costituzionale, prevista dalla *Magna Charta* della Repubblica, ma fino ad allora mai entrata in funzione.

A presiederla fu scelto, dagli stessi componenti della Corte, Enrico De Nicola, secondo il suo solito riluttante ma disposto a lasciarsi convincere, zelante ma sempre con una lettera di dimissioni sullo scrittoio. Si discusse molto, allora, se le leggi da sottoporre al vaglio della Corte fossero solo quelle emesse dopo il suo insediamento, o anche le precedenti. Fu questo il primo problema sul quale la Corte stessa si pronunciò e lo risolse affermando la sua giurisdizione anche per il passato, compreso, è ovvio, il passato fascista.

L'azione della Corte fu in complesso prudente. Ma il guaio era che, abilitata a togliere di mezzo le leggi incompatibili con la Costituzione, non a crearne di nuove, essa lasciò più volte dei vistosi buchi nell'ordinamento. Cosicché, lo facessero per deliberato atteggiamento dilatorio, o per non creare sconquassi, Ministri e burocrati si mostravano sordi, a volte, alle pronunce. Sopravvenne presto l'immancabile incidente che indusse De Nicola ad una ennesima dimissione e alla rituale fuga a Torre del Greco. Non vi fu unanimità sulla vera ragione della rinuncia. Qualcuno l'attribuì al disappunto dell'ombroso giurista perché nelle precedenze ufficiali il Presidente della Consulta era stato privato del secondo posto – cui egli riteneva d'aver diritto – e relegato al quarto, dopo il Capo dello Stato, i Presidenti dei due rami del Parlamento e il Presidente del Consiglio. Altri suppose che De Nicola si fosse irritato per le reazioni vaticane ad una sentenza che escludeva ogni censura sui manifesti affissi a Roma (la Santa Sede si appellava al Concordato allora vigente, che riconosceva il carattere sacro della città). Vi fu infine chi attribuì il malumore di De Nicola alle richieste fastidiose e inopportune di alcuni giudici costituzionali che pretendevano privilegi: in contrasto con i criteri di spartana economia e di rigore del Presidente. È probabile che tutti questi elementi insieme abbiano indotto De Nicola all'ultimo sdegnoso rifiuto. Lo sostituì Gaetano Azzariti.

Non mancarono, s'è detto, i provvedimenti di rilievo, positivi o negativi che fossero, e nemmeno mancarono gli avvenimenti di prima grandezza. Basterà citare la firma, il 25 marzo del 1957, del Trattato di Roma che istituiva il Mercato comune europeo.

Non molti si resero conto, allora, delle prospettive che quell'atto formale schiudeva. E molti sbagliarono nel valutarne le conseguenze. Sbagliarono, in particolare, parecchi imprenditori, che il fascismo aveva abituato alle barriere doganali e al protezionismo. Era diffuso tra loro il timore che l'apertura delle frontiere, benché graduale e controllata, mettesse in ginocchio l'industria italiana e restituisse il Paese alla sua antica e perduta vocazione agricola e turistica, un orto o un giardino d'Europa. I timori erano infondati. L'industria italiana resse ottimamente la prova della concorrenza continentale, che l'avviò anzi verso un periodo d'espansione senza precedenti: un'espansione che ha resistito, prodigiosamente, perfino negli anni dei dogmi dirigisti, del pansindacalismo e della follia contestataria.

In apparenza il Governo Segni si logorò fino al collasso, nella primavera del 1957, per le polemiche provocate da un progetto di legge sui patti agrari: progetto che, lamentavano sia la sinistra democristiana, sia i repubblicani, sia i socialdemocratici, aumentava il numero delle «giuste cause» che consentivano lo sfratto degli affittuari o dei mezzadri. Dietro questo scontro di facciata stava una lotta intestina aspra nella Dc: e gli altri Partiti della coalizione di Governo avvertivano lo sgretolarsi delle fondamenta su cui la maggioranza poggiava.

Il 28 febbraio il Pri disertò la maggioranza, che sopravvisse un paio di mesi per i sostegni sporadici di neofascisti e monarchici. Il Trattato di Roma fu sottoscritto da un Segni il cui Governo era in stato preagonico. Nel maggio Saragat ebbe una delle sue sortite stizzose, e la sorte del Ministero Segni fu (è il caso di dirlo) segnata. Gronchi accettò le dimissioni del Governo, e affrontò l'ardua impresa di costituirne un altro avendo bene in mente le due questioni che in quel momento assillavano la Democrazia cristiana, nei suoi rapporti con alleati voluti o temuti.

La prima riguardava i socialisti, e il loro eventuale passaggio dall'opposizione – che era stata automatica finché aveva funzionato il patto d'unità d'azione con il Pci – all'astensione e magari al voto favorevole; la seconda riguardava le destre, e più specificamente l'uso che doveva essere fatto dei voti missini, quando arrivavano (ed erano arrivati, talvolta, a salvare da una sconfitta parlamentare le claudicanti maggioranze).

I socialisti salpavano lentamente le ancore dalle acque comuniste, e questo solo fatto riapriva prospettive d'unificazione, anche se vaghe e per il momento inconcludenti, con i socialdemocratici. Nenni e Saragat, che da tre anni non avevano un *tête-à-tête*, s'intrattennero lungamente, in agosto del 1956, a Pralognan in Savoia. La prima mossa l'aveva fatta Nenni, e il suo amico-nemico Saragat era stato al giuoco. Il colloquio fu amichevole, ma i suoi frutti avari. Nenni parlò di «una certa convergenza sulle condizioni di sviluppo di un'azione socialista intesa a trasformare l'attuale situazione e ad evitare al Paese i rischi che essa comporta e che fanno pensare al 1922». Anche Saragat constatò una convergenza. Che però era tutt'altro che sufficiente a sanare le vecchie ferite. Saragat rimproverava a Nenni di non aver ancora abbandonato del tutto il frontismo, Nenni rimproverava a Saragat d'essere legato al centrismo. I sospetti duravano.

Non contribuì a dissiparli il Congresso della Dc a Trento, del quale Nenni disse che i democristiani vi s'erano arroccati su una posizione di attendismo conservatore «in cui è poco probabile che qualcuno a sinistra sia interessato o sollecitato ad offrire collaborazione». Le crisi d'Ungheria e di Suez spostarono poi in campo internazionale l'attenzione del mondo politico italiano, presto ricondotto allo stretto ambito casalingo dal trentaduesimo Congresso del Psi, che si tenne al teatro La Fenice di Venezia dal 6 al 10 febbraio 1957.

Venezia era più animata di quanto lo sia consuetamente d'inverno, in quelle settimane, perché nel suo Palazzo di Giustizia si stava celebrando il processo Montesi: e per quattro giorni la settimana (negli altri tre non si teneva udienza) alberghi e ristoranti avevano una clientela di avvocati, giornalisti, testimoni, curiosi.

Il Patriarca di Venezia, cardinale Angelo Giuseppe Roncalli, non esitò ad inviare, per l'apertura del Congresso, un messaggio che parve (regnando Pio XII) sorprendente e quasi spregiudicato. Roncalli accreditò ai delegati socialisti «lo sforzo di riuscire ad un sistema di mutua comprensione di ciò che più vale» nonché «buone volontà sincere, intenzioni rette e generose».

Nenni aveva suggerito lo *slogan* congressuale «L'unità di tutti i socialisti nell'unità di tutti i lavoratori», alquanto enfatico, come piaceva a lui. Il suo discorso fu equilibrato. Sollecitò un atteggiamento del Psi favorevole al Mercato comune europeo. Questo per evitare che «la rivoluzione industriale e l'integrazione economica europea, facendosi senza o contro di noi, si facciano contro gli interessi dei lavoratori: si facciano, come è avvenuto per la ricostruzione, nell'interesse dei monopoli e della grossa borghesia». Sui rapporti con i comunisti fu esplicito: «Il nostro Partito è passato dall'unità alla libertà di azione e di iniziativa, senza più patti di unità d'azione o di consultazione». Altrettanto esplicito fu nel condannare la repressione ungherese: «Senza democrazia e senza libertà tutto si avvilisce, tutto si corrompe, anche le istituzioni create dalle rivoluzioni proletarie, anche la trasformazione, da privata a sociale, della proprietà degli strumenti di produzione e di scambio».

Nenni era convinto d'avere dietro di sé il Partito, alla base come al vertice, e di poter concludere trionfalmente la cinque giorni che lo aveva visto protagonista.

Ma la sinistra, con i suoi uomini d'apparato astuti e manovrieri, era in grado d'influenzare i delegati – anche se minoritaria – elargendo suggerimenti apparentemente disinteressati ed innocui, in verità sottilmente strumentali. «È bastato – ha scritto Maria Grazia d'Angelo Bigelli, biografa di Nenni – sussurrare all'orecchio di qualche delegato di non votare Nenni perché tanto di voti ne avrebbe avuti abbastanza, e di dare invece il voto compattamente a favore di Santi, Mazzali, Foa o altri bisognosi di sostegno per un maggior equilibrio interno.»

Accadde così che Pietro Nenni figurasse al secondo posto nei risultati finali. Lo sopravanzò Vittorio Foa (575.323 preferenze contro le 557.020 di Nenni), e nella graduatoria seguirono proprio gli avversari del *leader* socialista, Gatto, Basso, Valori, Mazzali, Santi. La buona signora Carmen era affranta: «ma che gli avete fatto a mio marito?»; Nenni che dentro di sé schiumava affetto *fair play*, sottolineò davanti ai giornalisti che la mozione approvata dal Congresso convalidava le sue posizioni affermando che «la via è aperta per l'unificazione socialista» e che «la politica frontista non è né possibile né utile nella nuova prospettiva socialista». Il nuovo organigramma del Partito confermò Nenni come segretario, ma affiancandogli Basso, Francesco De Martino, Mazzali e Vecchietti.

Monarchici e missini cercavano uno spazio politico meno asfittico di quello in cui erano abitualmente confinati, e lo intravidero quando, caduto il Governo Segni, Gronchi affidò l'incarico di formarne uno nuovo al Presidente della Dc, Adone Zoli.

Era questi un veterano settantenne, approdato alla Democrazia cristiana dalle file prefasciste del Partito popolare. Aveva amici dovunque, per la bonarietà romagnola del carattere (era nato a Cesena, anche se aveva vissuto a lungo in Toscana), e per l'onestà. Non appena fu designato, Nenni commentò che «è per me un amico, uno dei pochi che, almeno a parole, mi ha sostenuto. E un antifascista, un democratico, un repubblicano».

I missini lo avevano essi pure in simpatia, nonostante le sue credenziali di resistente: e a lui dovettero, mentre fu al potere (si fa per dire), un gesto umanitario che scatenò le ire delle solite vestali d'un antifascismo parolaio: la restituzione alla famiglia dei resti di Mussolini, inumati nella cappella di Predappio. Monarchici e missini assicurarono subito il loro appoggio al monocolore democristiano che Zoli aveva in animo di formare. Zoli ne fu molto più imbarazzato che confortato. I voti monarchici gli facevano comodo, nelle condizioni in cui si trovava: ma quelli missini li definì «non necessari né desiderabili». Erano invece, come si vide presto, indesiderabili ma necessari.

Non lo sarebbero stati se i socialisti si fossero almeno astenuti. Ma al Senato – dove si ebbe il primo voto di fiducia – il Psi fu per il no. Nel tentativo di averlo alleato o almeno neutrale alla Camera, Zoli mandò da Nenni, come messaggero, Fernando Tambroni che era stato confermato agli Interni. Tambroni si disse preoccupato per la «qualificazione che verrà al Gabinetto dalla fiducia dei gruppi di estrema destra sicura e premeditata».

Il 7 giugno 1957, alla vigilia del voto delle Camere, Nenni scrisse a Zoli una lettera ultimatum che fissava il prezzo dell'astensione socialista. Zoli avrebbe dovuto fare dichiarazioni il cui tono spianasse la strada alla conversione del Psi; rompere con i monarchici e con i missini dicendo che «un Ministero democratico e repubblicano come il suo non starà un'ora al Governo se la fiducia sarà condizionata dalla destra»; riprendere la discussione della legge sui patti agrari con l'impegno a non porre la questione di fiducia sugli emendamenti socialisti. Infine Zoli doveva facilitare l'istituzione delle Regioni.

Il prezzo era troppo alto per Zoli che non poteva perdere a destra ciò che avrebbe guadagnato a sinistra. Nel suo discorso il Presidente del Consiglio disse che non avrebbe tenuto conto dei voti missini: e al gruppo missino volse sdegnosamente le spalle, parlando. Tuttavia il Psi votò no e i missini votarono sì. Era importante, a quel punto, stabilire se i voti missini fossero stati determinanti. Compiuti i calcoli, si diede per certo che, sottratti i voti missini, al Governo ne restassero due di maggioranza. Zoli tirò un sospiro di sollievo, che si tramutò, in breve tempo, in un gemito di sconforto. Eseguito un controllo più accurato, si scoprì che, per un errore grossolano, erano stati posti tra gli astenuti sia il missino Anfuso, che aveva votato a favore, sia il comunista Amiconi, che aveva votato no. Almeno un voto missino diventava pertanto determinante. Zoli presentò immediatamente le dimissioni.

Per Gronchi, che aveva sperato di tenere in vita il Governo Zoli fino alle «politiche» del 1958, era tutto da rifare. Il Presidente del Senato Merzagora, chiamato a compiere una «missione esplorativa» (questo espediente sarebbe stato utilizzato anche in futuro da altri Presidenti della Repubblica), si addentrò invano nella giungla dei reciproci rifiuti e sospetti. Un tentativo di Fanfani andò a vuoto per la riluttanza dei repubblicani a imbarcarsi su una zattera malconcia.

Fatti i suoi conti, Gronchi decise che restavano due soluzioni soltanto: o il rinvio del Governo Zoli alle Camere, o il loro scioglimento, e le elezioni anticipate. Optò per il rinvio. Il Governo Zoli, ridotto a governicchio, si trascinò così per un altro anno, stancamente, mentre nella Dc crescevano le insofferenze contro la gestione fanfaniana del Partito, e contro le sue accentuazioni stataliste.

Il malumore di una parte di Iniziativa democratica, la maggioritaria corrente fanfaniana, affiorò nel Consiglio nazionale della Dc a Vallombrosa (12 luglio 1957) che vide la gestazione del futuro raggruppamento doroteo. Nel Consiglio Rumor, Carlo Russo, Emilio Colombo, Taviani, Sarti, Morlino votarono nel segreto dell'urna contro Fanfani, che aveva cooptato nella direzione la corrente di Base. Quel che più conta, non fecero mistero del loro dissenso.

Aldo Moro si tenne in disparte. Lamentava una dolorosa sciatica che gli impediva – almeno così diceva – di interessarsi sia del Partito sia del Ministero della Pubblica istruzione di cui era titolare.

Ma Fanfani, con la sua tecnica dell'ariete, non badava agli ostacoli, e caricava per travolgerli. Si buttò con impeto anche contro Achille Lauro, che amministrava Napoli alla sua maniera borbonica, fastosa, chiassosa e disinvolta: e che voleva, con il suo Pmp (Partito monarchico popolare) essere il padrone e il padrino di tutti i monarchici, mettendo al tappeto il Pnm (Partito nazionale monarchico) di Alfredo Covelli, da lui accusato d'essersi agganciato al carro democristiano.

Del killeraggio politico di Lauro fu incaricato l'ambizioso Ministro dell'Interno Tambroni, cui s'affiancò cautamente il notabile locale Silvio Gava, Ministro dell'Industria. A metà agosto del 1957 piombarono a Napoli tre ispettori ministeriali incaricati di raccogliere elementi per un procedimento anche penale contro l'amministrazione laurina. In dicembre Tambroni annunciò che avrebbe mandato al Presidente della Repubblica un decreto di scioglimento della giunta Lauro. In replica, il Comandante diede le dimissioni, e fece votare dai suoi una nuova giunta, con Nicola Sansanelli (ex-federale fascista di Napoli e suo uomo di fiducia) come Sindaco.

Il 25 gennaio 1958, in una conferenza stampa, il Comandante proclamò la crociata contro il socialcomunismo ma anche contro la Dc. Spiegò che l'accordo con Covelli era fallito perché il Pnm aveva messo «le sue forze a disposizione della Dc e del Governo». Previde per il Pmp due milioni di voti alle ormai vicine «politiche». Perfino Totò fu coinvolto nella rissa napoletana. Ha scritto Piero Zullino nella sua biografia del Comandante: «Ospite della trasmissione televisiva per quiz *Il Musichiere* il povero Totò si lascia scappare sulla faccia di Mario Riva un incredibile "Viva Lauro!" che scatena il terremoto. Tambroni in persona telefona al presidente della Rai per chiarimenti. Chiede che il comico napoletano sia diffidato, multato, esiliato per sempre dal video. In effetti Totò vedrà penalizzato il suo compenso di centomila lire "per frase pubblicitaria"». Lo scandalo Celentano, lo vedete, è stato soltanto una replica di vecchie sceneggiate. Il 13 febbraio 1958 l'amministrazione Sansanelli, che era poi l'amministrazione Lauro, fu sciolta con decreto del Capo dello Stato.

Alle elezioni del 25 maggio 1958 Fanfani arrivò dunque con il piglio e il cipiglio del condottiero che è sicuro di sgominare i nemici. Aveva ottenuto che la Conferenza episcopale italiana gli desse un appoggio esplicito con una lettera, affissa alle porte delle chiese e letta pubblicamente in tutta Italia, che esortava a «votare uniti» per lo scudo crociato.

Il dinamismo fanfaniano diede ottimi frutti elettorali. La Democrazia cristiana conseguì il 42,4 per cento dei voti: restò ancora ben lontana dalle vette irraggiungibili del 18 aprile 1948, ma migliorò nettamente rispetto a cinque anni prima. Bene i socialisti (14,2 per cento), stabili i comunisti (22,7), male Lauro (2,6 per cento, settecentomila voti in tutto, poco più del rivale Covelli), stabili i liberali e i socialdemocratici, al lumicino i repubblicani con un fievole 1,4 e sette deputati in tutto.

La Dc, nel suo appello agli elettori, aveva fatto riferimento – *pro domo sua* – anche agli avvenimenti francesi. Due settimane prima del voto, la Quarta Repubblica francese aveva chiuso la sua travagliata esistenza a causa della crisi algerina. De Gaulle era stato issato al Governo con poteri d'emergenza. Fanfani aveva sottolineato che il marasma partitico francese era stato una delle ragioni profonde del collasso, e che ci voleva, perché la democrazia parlamentare reggesse, una formazione forte e salda, guidata da un uomo energico, che fosse il perno del Paese. Quella formazione era la Dc, quell'uomo era lui, Amintore Fanfani.

CAPITOLO QUARTO

IL CONCILIO

Alla fine di febbraio del 1958 monsignor Pietro Fiordelli, vescovo di Prato, subì un processo per diffamazione, e il 1° marzo fu condannato. Era la prima volta, dopo la firma dei Patti lateranensi, che un episodio di questa gravità coinvolgeva, opponendoli, la Chiesa e lo Stato. La Questione romana, che il Concordato aveva sepolta, sembrò risorgere con tutta la virulenza polemica d'un tempo, e Pio XII impegnò la sua autorità, che era grandissima, e la sua intransigenza, che non lo era meno, nella difesa del vescovo.

Questa vicenda chiuse, si può dire, il papato di Eugenio Pacelli, che morì sette mesi dopo: e fu affrontata, dalla Chiesa, con pacelliana durezza. Come dimensione giudiziaria, l'episodio che occupò le prime pagine di tutti i quotidiani e che mobilitò l'intellighenzia cattolica e laica, era di minor conto. Un *fait divers*, una bega locale che sarebbe rimasta nell'ombra se non avesse coinvolto, probabilmente senza che i suoi protagonisti lo immaginassero, alti princìpi e forti passioni.

Due giovani comunisti di Prato, Mauro e Loriana Bellandi, s'erano sposati con il rito civile anziché con quello religioso. Questa pratica, che s'è andata intensificando negli ultimi decenni, appariva allora inconsueta, e politicamente qualificata. Ad essa monsignor Fiordelli volle reagire con una presa di posizione solenne, scritta e verbale: e non lesinò i termini né dal pulpito né in una sua notificazione. Parlò di «pubblico scandalo» e di «scandaloso concubinato». Definì i coniugi «pubblici concubini» e «pubblici peccatori». I Bellandi ritennero che la loro onorabilità non di cattolici – ché tali non si ritenevano anche se battezzati – ma di cittadini fosse stata lesa dalle parole del vescovo: e che questi avesse abusato della sua autorità.

Il processo, davanti al Tribunale di Firenze, sollevò polemiche e discussioni giuridico-morali, e impegnò grandi nomi dell'avvocatura. Il Pubblico Ministero aveva concluso la sua requisitoria affermando che monsignor Fiordelli, pur avendo sconfinato sul terreno dell'illecito, era stato mosso da intenzioni lecite: aveva cioè ecceduto in malinteso zelo pastorale, ma senza dolo. Perciò non era perseguibile come diffamatore.

Era opinione dei più che il Tribunale si sarebbe adeguato a quest'impostazione compromissoria. Grande fu perciò la sorpresa quando, la sera del 1° marzo 1958, fu letta la sentenza che condannava «Fiordelli Pietro, colpevole del reato ascrittogli», a 40 mila lire di multa e al pagamento delle spese processuali.

Il vescovo di Prato, che aveva atteso l'esito del processo nel suo palazzo, e che aveva attorno a sé una piccola folla di fedeli, commentò la condanna in atteggiamento di martire: «Pregate e perdonate: preghiamo per la nostra diocesi, per la Chiesa tutta, e offriamo i nostri dolori per la salvezza delle anime. Io sono sereno. Tutto quello che avviene sulla Terra si verifica perché Dio ha deciso così, e i disegni del Signore sono infiniti».

Questa enfasi drammatica può parere in contrasto con i contenuti soltanto simbolici della condanna (poi annullata in appello). Ma questa fu interpretata come un attacco alla Chiesa. A Bologna il cardinale Lercaro, che aveva fama di progressista, ma che era anche a suo modo integralista, fece parare a lutto le chiese. La stampa cattolica ebbe toni solennemente severi: «Avremmo preferito che tale fatto non fosse avvenuto anche in Italia onde evitare di dovere vergognarci nei confronti con altri Paesi e con altre epoche», «la sentenza ha colpito un pastore... di niente altro responsabile che di avere pronunciato validi e doverosi apprezzamenti di ordine spirituale». Per l'*Avanti!* invece «la libertà ha vinto e la sentenza di Firenze dimostra che la legge è uguale per tutti e che il Concordato non ha asservito lo Stato alla Chiesa». Sul *Corriere della Sera* Mario Missiroli si produsse in un articolo di fondo magistrale e sfuggente che invitava alla tolleranza e che si chiudeva (per convalidare questa tesi) con un grazioso aneddoto, tramandato dal duca di Broglie nelle sue memorie: «Incontratosi un giorno (il duca di Broglie – *N.d.A.*), in casa del barone Rothschild, col vescovo Dupanloup che si dava un grande affanno per dare una interpretazione liberale del Sillabo che non persuadeva nessuno, gli domandò in che cosa consistesse la sua famosa distinzione tra la tesi e l'ipotesi. (La tesi era la teocrazia e l'ipotesi i governi imperfetti di cui si dovevano tollerare gli istituti liberali.) Il vescovo non si scompose per nulla e gli rispose con queste giudiziose parole: "Ecco. La tesi è che bisognerebbe bruciare il barone Rothschild: l'ipotesi, che si può fare colazione presso di lui"». E concludeva, il saggio Missiroli: «Noi siamo fatti così».

Il noi maiestatico degli articolisti non coinvolgeva tuttavia Pio XII, che sentì il caso del vescovo di Prato come un affronto e ci si arrovellò. Fu quella una delle ultime pene del suo lungo pontificato. Ai primi di ottobre del 1958 Pio XII, la cui salute declinava da tempo, entrò in agonia. Era nella villa di Castelgandolfo, come al solito circondato da una piccola corte di personaggi da lui considerati fidatissimi, alcuni dei quali si rivelarono invece inaffidabili. Accanto al capezzale del Pontefice era, instancabile, Pasqualina Lehnert, una suora tedesca che da quarant'anni era sua governante e che aveva, nei Palazzi Apostolici, un'autorità eccedente di molto i compiti cui era formalmente addetta. Se ne rese conto, durante un'udienza papale, lo sbalordito Segretario di Stato americano Foster Dulles. Mentre egli parlava con il Papa, apparve sulla porta suor Pasqualina a sollecitare, in atteggiamento imperativo, la fine del colloquio perché «era l'ora di colazione». «Il suo caso – commentò il grande vaticanista Silvio Negro – non ha fatto che mettere in evidenza di quanta secolare esperienza e di quanta umana sapienza siano depositarie le vecchie buone norme che non ammettono donne e non consentono particolarismi nel palazzo di Sisto V.»

Eugenio Pacelli si era sempre più ritirato, negli ultimi anni, in una altera solitudine, tanto più evidente quanto più affollate e apparentemente animate erano le udienze collettive ch'egli concedeva con piacere. Aveva pietrificato gli organigrammi vaticani: non nominava più cardinali, non aveva un Segretario di Stato, l'accesso al suo ufficio era estremamente difficile anche per collaboratori investiti di incarichi importanti. Attorno all'asceta malato si moltiplicavano i pettegolezzi su scandali e imbrogli finanziari in Vaticano.

Il Papa aveva una visione lucida – anche se contestata – della missione che alla Chiesa era affidata, e del ruolo che il Supremo Pastore doveva svolgere. Era intelligente e intransigente, tradizionalista eppure per certi aspetti moderno, diplomatico ma all'occorrenza aspro. La sua immagine pubblica restò coerente fino all'ultimo: l'immagine d'un Papa che aveva dovuto reggere il timone della cattolicità durante la tempesta nazista e quella comunista.

Ma la fine di questo Papa d'eccezione ebbe – lui inconsapevole, e vittima – risvolti miserevoli. L'archiatra pontificio consentì che fosse divulgata una fotografia di Papa Pacelli in coma, con il volto sfigurato dagli spasimi delle ultime ore: e comunicò ai quotidiani informazioni riservate sul decorso del male. La notizia della morte fu data da quattro quotidiani romani in anticipo, a causa d'un curioso equivoco. Sembra che un prelato di Castelgandolfo si fosse accordato con alcuni cronisti per comunicare loro, immediatamente, che il Papa era morto, mediante un ingegnoso espediente: avrebbe spalancato, non appena sopravvenuta la fine, una certa finestra. Si dice che la finestra sia stata invece aperta, casualmente, da un domestico che faceva le pulizie, e che i cronisti siano stati indotti in errore. Accadde così che *Il Messaggero*, *Il Tempo*, il *Momento sera* e il *Giornale d'Italia* pubblicassero edizioni straordinarie annuncianti la morte del Papa: e aggiungessero particolari tanto toccanti quanto fantasiosi. Il *Momento sera* era in grado di trascrivere le ultime parole del Papa ancora vivo («Benedico l'umanità tutta, prego pace, pace, pace, benedico Roma»). *Il Messaggero* e il *Giornale d'Italia* spiegavano come il cardinale decano, chinatosi all'orecchio del Santo Padre e constatato che non respirava più, avesse detto: «Vere, Papa Pius mortuus est». Le copie di quei giornali che arrivarono a Castelgandolfo furono bruciate in piazza.

La notizia falsa aveva tuttavia preceduto soltanto di poche ore la notizia vera. Il cadavere di Pio XII ebbe un particolare e inefficace trattamento d'imbalsamazione escogitato dal solito archiatra pontificio: si ebbero svenimenti a Roma dove i resti erano stati traslati, tra le guardie nobili addette alla veglia ammorbate dal processo di putrefazione. In quest'epilogo per taluni aspetti meschino d'un regno che pure era stato memorabile, qualcuno vide il segno della svolta imminente e necessaria: finiva un'epoca, era possibile avviarne una nuova, solo che fosse stato trovato l'uomo capace d'impersonarla.

Ai cinquanta cardinali che si riunirono in Conclave il 25 ottobre 1958 spettava appunto di decidere se il nuovo Papa dovesse essere di stile pacelliano – un uomo di Curia, un politico, un tradizionalista, un sovrano – o d'altro stile. Il professor Gedda aveva dedicato al Pontefice scomparso, sul *Quotidiano*, un necrologio carico di lodi e di rimpianto: «Il pontificato di Pio XII è la più splendida riprova ed attuazione della operatività del dogma dell'Infallibilità Pontificia, nel senso che dimostra il bisogno, anzi la sete, anche per il mondo, di avere una misura di verità per comparare la realtà contingente al messaggio di Cristo».

La corrente conservatrice del Sacro Collegio avrebbe visto volentieri una nomina di transizione. «Il vero candidato della Curia – scrisse Vittorio Gorresio – era il cardinale Benedetto Aloisi Masella. Eletto camerlengo subito dopo la morte di Pio XII, fungeva per tale carica da capo provvisorio della cattolicità. Contava settantanove anni.» Si voleva un Papa provvisorio, che per qualche tempo garantisse lo *status quo* mentre si sarebbe provveduto a rimettere ordine nella confusione lasciata da Pio XII. Tra gli italiani sembravano favoriti, oltre Aloisi, Ruffini, Siri e Lercaro. Ruffini era da taluno ritenuto tuttavia troppo «sicilianizzato» dopo dodici anni a Palermo (l'avevano soprannominato «Re delle due Sicilie»), l'arcivescovo di Genova Siri, autorevole e anche autoritario, era molto giovane, con i suoi cinquantadue anni. Entrambi sarebbero stati di gradimento della Curia. Lercaro, arcivescovo di Bologna, aveva temperamento, forse troppo. L'aveva dimostrato dopo la vicenda del vescovo di Prato, e sguinzagliando i suoi «preti volanti», incaricati di concionare e discutere nei comizi politici.

L'americano Spellman, che era stato tra i più solleciti nel precipitarsi a Roma avvertendo – da pacelliano di ferro – aria di cambiamento, aveva suggerito a chi la pensava come lui (secondo la testimonianza di Silvio Negro) di mettersi sulla scia di qualche candidatura che andasse per la maggiore, ad esempio quella del cardinale Agagianian (pro prefetto di Propaganda fide, russo di nascita, libanese di passaporto e romano di elezione) e di stare a vedere il seguito. Ci fu anche chi, con metodo molto empirico (che si rivelò azzeccato), previde l'avvento d'un Papa corpulento, per l'alternanza costante degli ultimi decenni. A Pio IX, che era bene in carne, era succeduto Leone XIII «sottile come una carta velina»; al massiccio Pio X, Benedetto XV, «magro come un grissino»; al robusto Papa Ratti, Pio XII «dritto e tagliente come una spada». Possiamo osservare che dopo Papa Roncalli, dalla floridezza contadina, venne l'esile Montini.

In tre giorni si alzarono undici fumate nere. Finalmente, la sera del 28 ottobre, fu fumata bianca. Angelo Giuseppe Roncalli era il nuovo Papa: e aveva deciso di prendere il nome di Giovanni, evitato da cinquecento anni perché usurpato da un antipapa: tanto che v'erano dubbi sulla numerazione che al nome dovesse essere data. Il Papa decise per ventitreesimo. Il Patriarca di Venezia aveva settantasette anni. E fu subito diagnosticato che sarebbe stato, per l'età e per i suoi atteggiamenti da buon parroco, un Papa interlocutorio, scelto perché non avrebbe avuto né il tempo né la voglia di far qualcosa, e tantomeno qualcosa di rilevante e di traumatico.

Era nato il 25 novembre 1881 a Sotto il Monte nel Bergamasco. Una famiglia numerosa, com'erano usualmente quelle dei contadini poveri d'allora: e una famiglia nella quale la vita era stenta, da «Albero degli zoccoli». Degli anni dell'infanzia, e delle loro privazioni, gli restò un ricordo indelebile, e ricorrente nelle sue lettere ai familiari, raccolte postume in volume da monsignor Loris Capovilla, che fu il suo segretario negli anni del pontificato. Roncalli aveva già quarantacinque anni quando, scrivendo ai parenti in una giornata d'inverno, annotava: «Ricordo anch'io il freddo che soffrivo e di cui porto ancora i segni nelle mani». Anni prima, insediato nel collegio romano (1901), sottolineava: «Quanto alla salute sto benissimo poiché qui, sapete, non è come a Sotto il Monte o a Bergamo, ma ci si vive da signori, anzi mi dicono che ho già cambiato faccia e divento grasso tutti i giorni».

Il ragazzo fu avviato al sacerdozio. Aveva intelligenza pronta e vivace, e una fede sincera. Concluse i suoi studi in Sant'Apollinare a Roma con il conseguimento della laurea in teologia. Il suo colpo di fortuna l'ebbe quando fu mandato nella sua Bergamo, come segretario del vescovo Radini Tedeschi. Questi era un personaggio di spicco. Discendente d'una nobile famiglia piacentina che si tramandava il titolo di Conte, era entrato nella diplomazia pontificia: ma poi, appassionatosi alla questione sociale, dibattuta largamente tra i cattolici, era divenuto uno degli esponenti più in vista dell'Opera dei Congressi, l'organizzazione sociale sciolta da Pio X. Lo stesso Pio X comunque gli attestò la sua stima destinandolo appunto a Bergamo. Con questo vescovo d'alto livello religioso e culturale il giovane Roncalli non cambiò soltanto ambiente. Penetrò in un mondo di discussioni e di comportamenti più elevato, imparò le esigenze della diplomazia e del potere, si sgrezzò. Viveva anche lui nell'episcopato dividendo di monsignor Radini Tedeschi la mensa, e godendone di riverbero il prestigio.

Durante la prima guerra mondiale Angelo Roncalli prestò dapprima servizio in sanità, come sergente, nella III Armata di Emanuele Filiberto di Savoia, Duca d'Aosta; poi, promosso tenente, divenne cappellano militare. Nel 1920, scomparso da qualche anno il generoso protettore Radini Tedeschi, fu chiamato a Roma a presiedere il consiglio centrale per l'Italia della pontificia opera per la propagazione della fede e chiamò a sé, in un dignitoso appartamento all'ombra del Vaticano, le sorelle Ancilla e Maria. Più tardi vennero le missioni diplomatiche: in Bulgaria, in Turchia e Grecia, infine – in un momento delicatissimo, per la sostituzione di monsignor Valeri allontanato dalla sede parigina a causa dei pretesi coinvolgimenti nella politica del Governo di Vichy – fu dal 1944 Nunzio apostolico a Parigi.

Questo figlio di contadini non dimenticò mai le sue terre. Non le dimenticò quando contrasse un mutuo che fece della sua famiglia la proprietaria della Colombera, la casa in cui era nato, e dei quattro ettari di terreno che la circondavano. Non le dimenticò quando prese in affitto ogni anno, a partire dal 1925, un appartamento nella casa dei baroni Scotti al Camaitino, una località nei dintorni di Sotto il Monte. A quella casa s'affezionò tanto che molta della sua corrispondenza ne riguardava gli abbellimenti e le modifiche. Voleva acquistarla, ma non ci riuscì mai: l'ebbe invece in dono, con un po' di campi attorno, allorché divenne Papa. Tuttavia non ebbe mai la mentalità del proprietario. Un suo intervento – 1932 – in difesa d'un fattore che aveva qualche lagnanza da muovere agli Scotti è sintomatico: «O si sistema convenientemente il buon Gaetano e la sua famiglia secondo i suoi desideri – scrisse agli Scotti – oppure io rinunzio a prendere le camere in affitto. Come vescovo io debbo essere il padre dei poveri, e non avrei nessun gusto a star bene e coi comodi moderni, mentre una famiglia intera si trova in disagio per occasion mia». Divenuto Patriarca di Venezia, si dimostrò obbediente alla linea di Pio XII, seppure con qualche sbandamento: come il suo già citato messaggio in occasione del Congresso del Psi a Venezia. La Radio Vaticana rimbrottò indirettamente il cardinale Roncalli per quel messaggio ribadendo, con una dichiarazione ufficiosa, il divieto d'ogni collaborazione con i Partiti marxisti. Intervenne, di rincalzo, *L'Osservatore Romano*. Infine il Patriarca rilasciò una dichiarazione in cui ripeteva che non era possibile trovare intese con il marxismo.

Si vide subito ch'era un Papa assai diverso, non solo fisicamente, dal suo predecessore. Benny Lai, che assistette il 4 novembre alla cerimonia dell'incoronazione, così ne scrisse: «Ha un gestire mosso e una mimica di tipo francese. Spesso si umetta le labbra, a più riprese si passa senza imbarazzo l'ampio fazzoletto sulla fronte sudata, ma non appare particolarmente affaticato dall'estenuante funzione. Lo sguardo vivace e i riflessi pronti non rivelano alcuna confusione. Questo vive in letizia quanto l'altro viveva in mestizia. Hanno un temperamento opposto "ma gli opposti si toccano e formano un tutt'uno" borbotta monsignor Giglio al limite delle forze per la lunga cerimonia».

Non passarono tre mesi, e fu chiaro anche ai più distratti che Giovanni XXIII, il figlio dei contadini di Sotto il Monte, non sarebbe stato un Papa di transizione. La mattina del 25 gennaio 1959, celebrando nella basilica di San Paolo la conversione dell'apostolo, il Papa annunciò la convocazione d'un Concilio ecumenico.

Era trascorso quasi un secolo da quando il Concilio Vaticano I si era chiuso, nel 1870, proclamando il dogma del Primato e dell'Infallibilità Papale. Un dogma che secondo molti, affermando la qualità di monarca assoluto e di pastore infallibile del Papa, aveva chiuso per sempre l'era dei Concilî.

Del suo proposito il Papa aveva fatto cenno cinque giorni prima (20 gennaio 1959) al Segretario di Stato Tardini, e rievocò la scena nel 1962, parlando a un gruppo di pellegrini veneziani. «Improvvisamente una grande idea sorse in noi e illuminò la nostra anima. L'accogliemmo con una indicibile fiducia nel Divino Maestro e una parola salì alle nostre labbra, solenne, imperativa. La nostra voce l'espresse per la prima volta: Concilio.»

Secondo la versione ufficiale Tardini, benché sbigottito, approvò: «Sì, sì, un Concilio. È una grande idea. A me piacciono le cose belle e nuove. E ciò che ci vuole ai nostri giorni». Un periodico statunitense attribuì invece al Segretario di Stato un'assai diversa reazione: «a un gesuita americano che risiedeva a Roma Tardini avrebbe detto che il Papa "è temporaneamente impazzito"».

La mattina del 25 gennaio dunque era riunita una gran folla in San Paolo fuori le mura. Erano stati invitati a partecipare alla cerimonia anche i cardinali presenti a Roma, senza che fosse spiegato il perché della convocazione. Fu soltanto anticipato che il Papa intendeva metterli al corrente d'una sua importante decisione.

Finita la funzione, i cardinali passarono in un parlatorio annesso al monastero. Giovanni XXIII prese a parlare, e disse: «Venerabili fratelli e diletti figli, pronunciamo dinanzi a voi, certo tremando un poco di commozione, ma insieme con umile risolutezza di proposito, il nome e la proposta della duplice celebrazione di un sinodo diocesano per l'Urbe e di un Concilio ecumenico per la Chiesa universale. Da tutti imploriamo un buon inizio, continuazione e felice successo di questi propositi di forte lavoro a lume, ad edificazione ed a letizia di tutto il popolo cristiano, a rinnovato invito ai fedeli delle comunità separate a seguirci anch'essi amabilmente in questa ricerca di unità e di grazia, a cui tante anime anelano da tutti i punti della terra».

I cardinali tacevano, incapaci di applaudire, incapaci di dissentire, impietriti. E il Papa proseguì: «Per voi, venerabili fratelli e diletti figli nostri, non occorrono illustrazioni copiose circa la significazione storica e giuridica di queste proposte».

Certo che non occorrevano. I cardinali sapevano che i Concilî avevano sempre segnato tappe importanti nella storia della Chiesa. Se n'era contata una ventina in due millenni, due soltanto negli ultimi quattro secoli. Vi furono adesioni autorevoli all'iniziativa – che L'Osservatore Romano il giorno successivo ridusse a poche righe senza titolo, quasi si trattasse d'una novità di scarso rilievo – come quella dell'Arcivescovo di Milano Montini, e come quella, pur condizionata, del cardinale Lercaro che poneva un dilemma: o il Papa era un precipitoso temerario, oppure aveva agito con audacia calcolata. Spellman – almeno stando a una cronaca di Gorresio – insisteva nell'affermare che il Papa non voleva indire un Concilio, ma che era stato frainteso. Qualcuno, secondo lui, aveva capito male le sue parole. Per una parte del clero francese, che conosceva bene Roncalli, l'intera faccenda «non era seria» e d'altro canto l'età avanzata del Papa gli avrebbe impedito di realizzare il suo proposito.

La Curia fu, con rare eccezioni, costernata: Concilio significava il sopravvento della Chiesa periferica sui suoi organismi centrali, il pluralismo delle nazionalità e delle tendenze, il riconoscimento di spinte inquietanti se non eretiche. I Concilî, commentò qualcuno, sono una «malattia ricorrente» della Chiesa.

Ma Angelo Roncalli, mite e ostinato, portava avanti il suo progetto. Lo portava avanti mentre il suo pontificato assumeva una sempre più precisa e controversa identità. Alla crociata di Pio XII contro il comunismo ateo si sostituiva la distinzione di Giovanni XXIII tra l'errore e l'errante, inescusabile il primo, scusabile il secondo. Vi fu un minor impegno della Chiesa nelle vicende politiche italiane. Il 25 novembre 1961, ricorrendo l'ottantesimo anniversario del Papa, l'ambasciatore sovietico a Roma Kozyrev gli trasmise un messaggio augurale di Kruscev. Il 7 marzo 1963 fu ricevuto dal Papa, in Vaticano, Alexei Agiubei che era direttore delle *Izvestia* ma, soprattutto, era il genero dello stesso Kruscev. Il cardinale Ottaviani s'era opposto fermamente al colloquio, che i sovietici, argomentava, avrebbero utilizzato per la loro propaganda. Giovanni XXIII decise diversamente. Uscendo dal Vaticano Agiubei disse che l'udienza segnava una data storica e che «come Kruscev è considerato un riformatore nel mondo comunista, così il Papa è un innovatore nel mondo cattolico». Quanto al Papa, fu cauto e candido: «Dio, nella sua onnipotenza, ha impiegato sette giorni per creare il mondo. Noi, che siamo molto meno potenti, non dobbiamo precipitare le cose, dobbiamo andare dolcemente, per tappe, preparando gli spiriti... Kruscev mi sembra scelto dalla Provvidenza per fare grandi cose, e così egli può trovarsi nella luce di Cristo che vuole la pace per tutti gli uomini di buona volontà». Uomo della Provvidenza per Giovanni XXIII, Kruscev non fu molto aiutato dalla Provvidenza stessa: così com'era già capitato all'altro uomo della Provvidenza, Benito Mussolini.

E tuttavia questo Papa accusato di populismo fu nella sua enciclica sociale *Mater et magistra* molto prudente. Auspicò in sostanza un riformismo cattolico, ribadì che la proprietà non era un peccato né un furto, predicò la solidarietà tra abbienti e bisognosi, suggerì la partecipazione dei lavoratori agli utili delle aziende. Qualcuno la definì un'enciclica fanfaniana, benintenzionata ma per nulla rivoluzionaria. Abbastanza ovvia, in fin dei conti, anche la *Pacem in terris* che, elaborata nei giorni della crisi di Cuba per i missili, auspicava la distensione tra Occidente e Oriente. Giovanni XXIII ne fece tuttavia risalire l'idea a una tragica esperienza personale: «Non potrò mai dimenticare le grida di un austriaco il cui petto era stato squarciato dalle baionette durante la guerra, e che era stato trasportato all'ospedale di Caporetto, dove io ero infermiere. Il ricordo si è fatto più vivo in me mentre lavoravo all'enciclica *Pacem in terris*».

Il Concilio Vaticano II, ventunesimo nella storia della Chiesa, fu inaugurato la mattina dell'11 ottobre 1962, presenti 2500 cardinali e vescovi, e inoltre gli osservatori delle «Chiese separate»: ortodossi, anglicani, metodisti, luterani. Questi intervennero anche se dai loro pulpiti – soprattutto da quelli ortodossi – erano state lanciate soprattutto ripulse ad ogni forma d'unità che implicasse il riconoscimento del Primato papale.

La presenza di questi «estranei» turbò seriamente il cardinale Ottaviani, che si definiva «il carabiniere del dogma» e che secondo Gorresio disse ad alta voce «horresco» (inorridisco).

La lingua ufficiale del Concilio fu, per volontà di Giovanni XXIII (che respinse l'idea della traduzione simultanea), il latino. Nel suo discorso d'apertura il Papa disse che con il Concilio la cattolicità doveva adeguarsi al mondo che la circondava. «La Provvidenza ci sta conducendo ad un nuovo ordine di rapporti umani... Dalla rinnovata, serena e tranquilla adesione a tutto l'insegnamento della Chiesa nella sua interezza, lo spirito cristiano cattolico e apostolico del mondo intero attende un balzo innanzi verso una penetrazione dottrinale e una formazione delle coscienze in corrispondenza più perfetta di fedeltà all'autentica dottrina.»

Giovanni XXIII non vide la conclusione del Concilio ch'egli aveva voluto, e che durò fino al 1965 (allo svolgimento del dibattito, e ai documenti che furono approvati, dedicheremo alcune pagine più avanti). Nella primavera del 1963 Angelo Roncalli, colpito da un male incurabile, si aggravò rapidamente. I suoi ultimi atti pubblici furono l'accettazione del premio Balzan per la pace, che gli fu assegnato il 10 maggio, e l'udienza solenne al Presidente della Repubblica italiana, Antonio Segni, il giorno successivo. Il 23 maggio, festa dell'Ascensione, il Papa si affacciò per l'ultima volta alla finestra del suo appartamento e salutò la folla in piazza San Pietro. La sera del 31 maggio entrò in agonia: spirò alle 19.49 del 3 giugno 1963. Aveva ottantadue anni.

CAPITOLO QUINTO

FANFANI CI RIPROVA

Sull'onda del successo ottenuto nelle elezioni politiche del 25 maggio 1958, Amintore Fanfani riunì nelle sue mani un potere che nessun altro *leader* democristiano aveva avuto, dopo De Gasperi. Costituì un Governo che venne definito di centrosinistra, e che includeva, oltre alla Democrazia cristiana, i socialdemocratici. Era un Governo minoritario, cui nemmeno l'appoggio esterno del Pri, che la prova delle urne aveva ridotto ai minimi termini, dava un buon margine di sicurezza. Qualche franco tiratore bastava per mandarlo in minoranza.

Era la prima vera prova di Fanfani come Presidente del Consiglio. Lo era già stato nel gennaio del 1954, ma per qualche settimana, e in una situazione parlamentare senza speranza. Oltre alla guida del Governo Fanfani tenne per sé il Ministero degli Esteri e la segreteria della Dc. Poteva sembrare il padrone del Paese e del Partito e fu invece, dell'uno e dell'altro, un precettore presto rifiutato e contestato.

Eppure riteneva d'essersi guardate le spalle con scelte oculate. Aveva immesso nella sua *équipe* affidandogli la Cassa del Mezzogiorno, il sindacalista Pastore. Contava perciò sulla benevolenza dei sindacati, almeno di quelli non comunisti. Aveva dato a Segni la vice-presidenza, per rassicurare i moderati. Sperava di fare tante e buone cose, rendendo operative e concrete le utopie integraliste e progressiste dei La Pira e dei Dossetti. Ma aveva molti vecchi nemici, soprattutto in casa democristiana, e non perdeva occasione per procacciarsene di nuovi con il suo piglio brusco e con le sue sentenze oracolari.

La vigilia del voto di fiducia – il Governo l'ebbe con una maggioranza d'una decina di voti – alcuni amici vollero metterlo sull'avviso (l'ha raccontato Gorresio): «Attacca Scelba, oggi è il pericolo numero uno. E guardati da Pella, te l'ha giurata. Una persona anziana, Segni, ti traversa la strada. Ci sono possibilità di nuovi incontri magari con Nenni. Tu devi essere inesorabile e indefettibile...». Fanfani tagliò corto: «Pare che stiate leggendo l'oroscopo per domani».

S'illuse di dissipare le diffidenze degli «atlantisti» con un viaggio negli Stati Uniti, in pieno luglio. Eisenhower e Foster Dulles furono larghi di cortesie e di dimostrazioni di stima. Ai giornalisti elargì battute che a lui dovettero sembrare molto divertenti. Ma era un'opinione isolata. Gli chiesero se la politica dell'Italia non fosse troppo statica. «La dinamica, nella fisica, è sempre collegata con la statica» replicò astuto. Avrebbe seguito la linea Pella in politica estera? «Ogni Governo ha i suoi piani.» Gli pareva conveniente un piano Marshall per il mondo arabo? «A suo tempo ho lodato il piano Marshall. Ma ogni piano ha il suo tempo.» Insistette in questa tecnica anche durante successive visite a Parigi, per incontrare De Gaulle, e a Londra, per incontrare Harold MacMillan. Si volle sapere da lui se con MacMillan avesse parlato di petrolio: «Abbiamo bevuto ottimo tè, e ottimo latte, ma non abbiamo bevuto petrolio».

Nonostante l'enfasi terzomondista di certe dichiarazioni fu nella sostanza prudente e amichevole verso gli americani. Quando essi intervennero nel Libano (luglio del 1958) per impedire una *mainmise* sovietica sull'area, appoggiò gli alleati, e consentì che l'aeroporto di Capodichino fosse usato come base di transito per i trasporti di truppe in Medio Oriente. Durante la sua gestione del potere maturò l'accordo – firmato nella primavera del 1959, quando non era più Presidente del Consiglio – per la installazione sul suolo italiano di missili statunitensi a media gittata, con testate nucleari. Sempre in tema nucleare – ma per scopi pacifici – Fanfani promosse la costruzione di centrali elettriche alimentate da quel tipo d'energia: e il 20 novembre 1958 l'Agip-nucleare diede l'avvio alla costruzione della sua centrale di Latina.

Se per i *partners* atlantici Fanfani fu un Ministro degli Esteri tutto sommato affidabile, per molti diplomatici italiani della vecchia scuola, attenti soprattutto allo «stile», fu un rozzo incursore circondato da pretoriani. Fanfani pretendeva che i diplomatici rispettassero – e i più non l'avevano mai fatto – gli orari burocratici di lavoro. I ritardatari, fossero pure ambasciatori anziani, trovavano l'ufficio chiuso a chiave, e dovevano chiederla personalmente a lui.

Ma questo era il meno. Impugnata la bacchetta del maestro, Fanfani volle avere degli aiutanti di sua piena fiducia: ambiziosi, capaci, giovani. Furono chiamati Mau Mau dal nome d'una formazione guerrigliera del Kenia. Forse perché erano spietati nel realizzare i loro piani e nel perpetrare le loro vendette, forse perché i cognomi di alcuni cominciavano per M. I giornalisti stranieri che seguivano attentamente le cose italiane, non sempre capendole, diedero a questa rivoluzione ministeriale il significato d'una svolta in politica estera. Sulzberger sul *New York Times* ne arguì che l'Italia si stava distaccando dalla Nato. Accadeva invece qualcosa di assai diverso, e forse più inquietante: nel Ministero degli Esteri, come in altri Ministeri del resto, si formavano fazioni ciascuna delle quali era agganciata al carro d'un Partito, o d'un politico: e le fortune dei funzionari dipendevano dall'ascesa o dal declino dei loro protettori.

Il percorso di Fanfani non fu tuttavia interrotto dalla

politica estera. Neppure fu interrotto dai riflessi dello scandalo di Giovambattista Giuffré, commendatore, soprannominato «il banchiere di Dio».

Questo Giuffré, noto negli ambienti cattolici dell'Emilia-Romagna e del Veneto come uomo pio, aveva raccolto tra i risparmiatori di quelle regioni circa due miliardi, con la garanzia di interessi elevati. La sua era una banca invisibile (fu definita anche Anonima banchieri) poggiata su una struttura informale – e per gli enti di controllo del sistema finanziario inesistente – ma attiva ed efficace. A coloro che gli affidavano i loro capitali – e si trattava per lo più di piccoli risparmiatori – Giuffré corrispondeva inizialmente un interesse del cento per cento annuo, e successivamente interessi molto alti, quasi mai inferiori al cinquanta per cento. Per la raccolta dei fondi «il banchiere di Dio» si serviva dell'organizzazione religiosa: parroci, vescovi, conventi ai quali elargiva vistose sovvenzioni per la costruzione o il riattamento di chiese, canoniche, asili.

Fino a quando il Ministro socialdemocratico Preti denunciò lo scandalo, Giuffré aveva onorato i suoi impegni. In confronto alle banche ufficiali aveva l'enorme vantaggio di non pagare tasse. Svelato il colossale marchingegno, tra i risparmiatori si diffuse il panico, e alcuni prelati anche d'alto rango si trovarono nei guai. L'opinione pubblica scoprì un'Italia sommersa che era uno dei tanti effetti – e delle tante degenerazioni – del miracolo economico: scoprì inoltre il volto avido e mercantile di un certo mondo cattolico.

Un voto di fiducia derivante proprio dall'affare Giuffré vide soccombente il Governo, il 22 gennaio 1959: almeno dodici deputati democristiani votarono contro. Ma il caso Giuffré era ormai un pretesto, tanto più che Fanfani non ne era stato infangato, e nemmeno lambito. Semmai s'era sospettato di qualche coinvolgimento d'Andreotti.

Più importante, sul piano strettamente politico, fu la vicenda di Silvio Milazzo in Sicilia. Per la guida del governo regionale siciliano Fanfani aveva designato un suo fedele, Barbaro Lo Giudice. A lui si contrappose un notabile ritenuto vicino a Scelba, Silvio Milazzo, che non esitò a sollecitare ed utilizzare voti comunisti e voti missini, associati in odio alla Dc, per realizzare maggioranze che sconfessassero quella voluta da Fanfani. La direzione nazionale della Dc invitò Milazzo a dimettersi: e dopo il suo rifiuto lo espulse dal Partito. Milazzo costituì un partitino suo, l'Unione cristiano sociale, e non desistette dalla fronda neppure quando intervenne il Sant'Uffizio deplorando il connubio fra esponenti cattolici e comunisti per la gestione della cosa pubblica. Un nuovo termine, milazzismo, entrò così nel lessico politico italiano, ad indicare quel fenomeno che anni dopo, e sul piano nazionale, prenderà il nome di «compromesso storico»: o comunque ad indicare alleanze innaturali e strumentali tra le opposte ali dello schieramento politico.

La ribellione siciliana era in se stessa grave: ancor più lo era per il sospetto dei fanfaniani che si trattasse d'una operazione concertata e che avesse i suoi ispiratori in Scelba e in don Sturzo, quest'ultimo impegnato a fondo, durante i suoi ultimi mesi di vita, nella polemica contro lo «statalismo» e il dirigismo fanfaniano.

Da molte parti, e con severità senza dubbio eccessiva, Fanfani e il suo Governo furono presentati come i promotori d'una sorta di rivoluzione sociale. Ogni progetto fanfaniano si colorava d'intenzioni ambigue: il centrosinistra autentico, con l'immissione dei socialisti nel Governo, pareva alle porte. La rivolta che ormai divampava nella stessa corrente fanfaniana di Iniziativa democratica si esprimeva con bocciature di provvedimenti settoriali: la tassa sulle automobili a gas liquido, la sovrattassa sulla benzina, il nuovo codice della strada.

Quasi non bastasse, c'era maretta anche tra i socialdemocratici: il Ministro Ezio Vigorelli non andava d'accordo con Saragat.

La situazione s'era fatta insostenibile per Fanfani, cui non aveva portato fortuna un messaggio di La Pira per il Capodanno: «Invioti fraterni auguri per il nuovo anno. Sia un anno di totale, effettivo disgelo in tutti i fiumi e in tutti i mari dei cinque continenti. E la tua barca, posta a Lourdes sotto la protezione della Regina e Stella Maris, e che si staccò dagli ormeggi il 2 luglio festa della Visitazione, e prese il largo il 19 luglio, festa di San Vincenzo de' Paoli, mentre si chiudeva la prima udienza invisibile di tutti i monasteri di clausura del mondo, possa continuare nonostante le avversità palesi e nascoste la sua navigazione destinata a portare lavoro unità e pace in tutti i porti d'Italia, del Mediterraneo e del mondo. Possa questa barca attraversare tutti i fiumi e tutti i mari, ed efficacemente contribuire alla pace e alla fraternità fra tutte le nazioni».

La barca naufragò invece il 26 gennaio 1959, con le dimissioni del Governo. L'ultimo giorno di gennaio Fanfani lasciò anche la segreteria del Partito. Era tornato alla condizione di semplice parlamentare. Un'abdicazione totale. Ventilava proposti di ritiro dalla politica, diceva d'invidiare Giuseppe Dossetti – che aveva preso i voti sacerdotali –, parlava di pittura, si distraeva con i festival di canzoni alla televisione. Si concesse un periodo di riposo in Toscana, suscitando le ire di Enrico Mattei (quello dell'Eni): «Vedi – disse questi a un collaboratore – che gente ambiziosa senza carattere. Noi siamo qui a lottare e loro vanno a bere Chianti».

Una larga parte della Dc aveva brigato per liberarsi di Fanfani. Ma non voleva una liberazione così totale. Troppa grazia. Molti avrebbero preferito lasciargli la Presidenza del Consiglio, per esautorarlo senza costringerlo all'opposizione. A capo della Dc si pose provvisoriamente un quadrumvirato di saggi (Zoli, Rumor, Piccioni e Gui), che diede la sua approvazione a un Governo Segni appoggiato a destra: gli diedero i loro voti, oltre ai democristiani, i liberali, i monarchici e i missini, tutti gli altri contro. Poiché i voti missini non erano necessari, si decise che fossero ininfluenti.

Fanfani era sull'Aventino ma di fronte a una invocazione fervida del Consiglio nazionale democristiano per la riassunzione della segreteria non avrebbe probabilmente resistito. La nostalgia del «motorino del secolo» era però tutt'altro che unanime nella Dc: era anzi minoritaria. Lo si vide nel Consiglio nazionale democristiano di metà marzo, preceduto da una riunione di notabili nel convento di Santa Dorotea, a Roma. Lì la corrente di Iniziativa democratica si spaccò, e parallelamente nacque la corrente «dorotea»: la più stabile forse, nella composizione e nella ispirazione oltre che nella denominazione, della storia democristiana.

I dorotei deliberarono che Fanfani non dovesse tornare, e che la segreteria toccasse ad Aldo Moro: considerato un uomo senza molta grinta, un mediatore di transizione cui il Partito potesse affidarsi rilassato, dopo i traumi fanfaniani. Nel Consiglio nazionale un ordine del giorno che invitava a respingere le dimissioni di Fanfani raccolse 37 voti, 54 furono i voti per l'accoglimento, 9 gli astenuti. Scontati erano i voti antifanfaniani di Pella, Gonella, Scelba, Andreotti: meno scontati quelli degli ex-iniziativisti Zaccagnini, Taviani, Colombo e altri. Rumor e Moro si astennero.

Mentre il Governo Segni vivacchiava senza infamia e senza lode, lasciando che l'Italia facesse da sé – e faceva benissimo, con una crescita economica che suscitava l'ammirazione del mondo – la Democrazia cristiana si preparava a una resa dei conti nel Congresso indetto a Firenze dal 23 al 28 ottobre 1959.

Si sapeva che il duello fra Fanfani e i suoi nemici sarebbe stato serrato: e si sapeva egualmente che la composizione del Congresso non rispecchiava la presenza e l'influenza della Dc nelle diverse regioni (ma queste anomalie dureranno sempre, e in tutti i partiti). Gli iscritti risultavano un milione e 600 mila. In testa alle regioni erano la Sicilia (207 mila) e la Campania (183 mila). Il cattolicissimo Veneto era al sesto posto (124 mila). Tra le città Avellino vantava più iscritti di Como (33 mila contro novemila) e Foggia ne vantava tre volte più di Firenze. Cosenza ne aveva tanti quanti Genova, Torino e Venezia assommate.

Al Congresso Fanfani si presentò come portabandiera della Dc progressista e «sociale». Aveva detto un mese prima a Camaldoli: «La Dc dimostrerà che il suo invito agli italiani di tutte le classi sociali di unirsi intorno allo scudo crociato al servizio dell'Italia non è un espediente per condurre addormentati i poveri in aiuto ai ricchi e gli umili rassegnati al servizio dei potenti, ma è uno strumento per fare di una nobile e cosciente solidarietà cristiana una leva per l'elevazione economica sociale e politica degli umili».

Aldo Moro, che a Fanfani si contrapponeva – benché venissero, come sappiamo, dallo stesso filone dossettiano –, ribadiva che il Psi non era ancora maturo per essere accettato quale alleato dalla Dc: «La posizione del Partito socialista resta allo stato delle cose tutt'altro che chiara, ed è ancora ben lontana dall'offrire quella piena disponibilità, senza riserve, né ombre, né possibilità nell'equivoco di conturbanti interventi di terzi, che la democrazia italiana attende da anni».

Fanfani mancò la vittoria, ma di misura. Sembrò addirittura, alla vigilia della conclusione, che ce la facesse, per un migliaio di voti. «Rumor e Colombo – l'ha raccontato Enzo Forcella in *Celebrazione di un trentennio* – corsero in piena notte ad avvertire del pericolo Segni che era a letto.

Dopo che il gruppo, finalmente ammesso nella stanza del capo, ebbe rapidamente esposto il fatto nuovo, vide prima di tutto due mani scarne afferrare i lembi del lenzuolo e portarlo sopra la testa, come fanno le contadine meridionali nei momenti più acuti del dolore e del lutto: poi, altrettanto rapidamente, le due mani allontanarono il lenzuolo dalla figura giacente e si vide il vecchio uccellaccio saltare dal letto in mutande e papalina per inveire i collaboratori così sprovveduti e malaccorti: "Avete avvertito Moro?" furono le sue prime parole appena si fu calmato. Moro era stato avvertito, stava vestendosi nella sua stanza. Uscì poco dopo e lo si vide nel corridoio alla ricerca del medico – un parlamentare – che gli doveva somministrare certe pillole indispensabili per riportargli la pressione al punto giusto. Si mise subito al lavoro e il mattino dopo i dorotei vinsero il Congresso.»

Si delineò allora, nella maggioranza dorotea, una componente morotea che acquistava una sua individualità e una sua autonomia. Risultò evidente agli osservatori più acuti che Moro, pur essendo alla testa dello schieramento «moderato», aveva una sua concezione allo stesso tempo evolutiva e rassegnata delle prospettive politiche, e considerava inevitabile, presto o tardi, l'alleanza con il Psi (allo stesso modo in cui, un decennio più tardi, avrebbe considerato inevitabile un accordo con il Pci). Moro parlava di «cauta sperimentazione» verso il Psi escludendo invece un'intesa organica con le destre.

A fine febbraio del 1960 Segni presentò le dimissioni del suo Governo. La causa apparente della crisi fu un voto del Consiglio nazionale liberale che, insospettito dai velati accenni di Moro a un'apertura a sinistra, s'era dissociato – ma non in Parlamento – dalla maggioranza. Insieme al pronunciamento liberale influì sulla fine del Governo l'inquietudine d'una parte della Dc che era ansiosa di troncare ogni legame con i monarchici e i missini. Tutto si era svolto al di fuori dell'intervento e della volontà della Camera e del Senato secondo una tradizione che era già collaudata, e che si sarebbe consolidata nei decenni successivi.

Cesare Merzagora, presidente del Senato, ritenne che questa procedura riducesse il Parlamento a «un organo privo di voce nei momenti cruciali della vita italiana»: e aggiunse, con una delle sue tipiche impennate, che era insopportabile «l'atmosfera di corruzione che regna nella vita politica italiana, contaminata dalla speculazione e da attività finanziarie illegali». Merzagora diede le dimissioni dalla Presidenza del Senato, successivamente ritirate.

Segni, cui Gronchi aveva riaffidato l'incarico di formare il Governo, si mosse con l'apparente proposito, ispirato da Moro, di fare qualche passo verso i socialisti: tanto che Scaglia, moroteo di sicura fede, parlò di «rischio calcolato». Ma ci furono secondo Giorgio Galli immediate pressioni della Chiesa e della Confindustria ad evitare mosse che potessero insieme turbare i cattolici e compromettere l'espansione dell'economia. Sempre secondo Galli, «sembra che a farsi carico di queste preoccupazioni fosse Francesco Cossiga, parente di Segni e portavoce dei dorotei». Valutate le difficoltà, Segni disertò una riunione già fissata con i socialdemocratici e i repubblicani e declinò l'incarico. Si affermò che i socialisti avessero posto come condizione per la loro astensione amichevole la nazionalizzazione dell'energia elettrica.

Vi furono altri traccheggiamenti, e infine Gronchi ritenne di poter profittare della confusione e delle incertezze per dare la Presidenza del Consiglio a un uomo di secondo piano, che considerava sicuramente «suo»: Fernando Tambroni. Questi accettò e il 25 marzo 1960, un mese e mezzo dopo le dimissioni di Segni, il nuovo Ministero giurò nelle mani di Gronchi.

S'è visto quale sconcerto avesse causato – nel Ministero degli Esteri ma anche nelle cancellerie straniere – il piglio innovatore, o velleitario secondo i punti di vista, della gestione fanfaniana. Ma i Presidenti del Consiglio e anche i Ministri degli Esteri passano. I Presidenti della Repubblica restano invece per sette anni: il che è per loro – nonostante i ridotti poteri della carica – una straordinaria forza, e per alcuni aspetti della vita pubblica italiana una potenziale insidia.

La personalità di Gronchi, lo sappiamo, aggravò i rischi dell'interventismo e del presenzialismo di chi, essendo Capo dello Stato, è nello stesso tempo irresponsabile (dal punto di vista costituzionale) e autorevole (dal punto di vista sostanziale).

Gronchi aveva molte ambizioni: una delle quali era la realizzazione d'una politica estera del Quirinale, parallela alla politica estera governativa. Prima che Moro inventasse le convergenze parallele, Gronchi aveva inventato le divergenze parallele. «La Costituzione – disse a Mario Luciolli, che era stato nominato suo consigliere diplomatico – non consente al Presidente della Repubblica di fare molto, ma non gli vieta di far conoscere le sue idee.» La prima delle quali era che l'Italia dovesse assumere, nell'Alleanza atlantica, un ruolo più importante e meno aderente alle direttive degli Stati Uniti.

Come altri esponenti della sinistra democristiana, Gronchi vagheggiava una linea terzomondista, l'Italia come ponte tra l'Europa e l'Africa, tra l'Europa e il Medio Oriente. «Gronchi – citiamo da un saggio dello stesso Luciolli nel volume *Professione: diplomatico* pubblicato da Franco Angeli – si interessava molto superficialmente agli aspetti concreti dei problemi internazionali. Viceversa... si infiammava per tutto ciò che coincideva con le sue illusioni. Sognava che l'Italia entrasse in un direttorio di grandi potenze, esercitasse un'azione mediatrice nel Vicino Oriente, acquistasse prestigio, ottenesse riconoscimenti... Gronchi era interessato dalle visite di stranieri anche se di rango non molto alto. All'inizio della sua Presidenza le visite furono frequentissime a causa dell'attesa provocata dalla sua elezione, di un'imminente svolta nella politica italiana. Gronchi fu considerato in quel momento come la figura di maggior rilievo della politica italiana... Faceva ai suoi interlocutori un'impressione eccellente. Era privo di quell'impaccio che spesso affligge e che trent'anni fa affliggeva anche più spesso gli uomini politici italiani di fronte a personalità straniere. Era efficace nella formulazione del suo pensiero. Dava l'impressione di essere un uomo pratico, realizzatore.»

Quest'interesse andò scemando con il trascorrere degli anni. Gli alti personaggi che sostavano al Quirinale s'accorsero che sotto l'eloquio nitido e forbito di Gronchi non c'era la concretezza d'un disegno preciso, e soprattutto la possibilità di attuarlo, ma solo un'approssimativa e confusa voglia d'inserimento nel grande scacchiere internazionale. Le mosse che Gronchi suggeriva erano il più delle volte intempestive, o tali da insospettire gli alleati senza veramente interessare gli avversari. Si capisce così che i rapporti tra Gronchi e l'ambasciatore americano, la signora Clare Boothe Luce, fossero difficili. Mrs. Luce aveva la mentalità schematica d'una maestra di scuola, e presto considerò Gronchi uno scolaro impertinente: tanto più che, al loro primo incontro, il Presidente della Repubblica le aveva sventolato sotto il naso una copia di *Time* che deplorava la sua elezione (il marito della Luce era il proprietario di *Time*). Gronchi si agitava, e la Luce replicava con delle *gaffes*. Le capitò perfino, una volta, di presentarsi inaspettata al Quirinale, per un colloquio insulso e generico. Quando si congedò da Gronchi, la distratta signora confessò a Luciolli, dal quale era stata scortata alla porta, d'essere arrivata al Quirinale per sbaglio. Aveva un ap-

85

puntamento con Segni, Presidente del Consiglio, e all'autista aveva detto senza specificare: «Dal Presidente».

Un incidente ben più serio accadde nell'imminenza di un viaggio di Gronchi negli Stati Uniti, nel 1956. Senza l'assistenza del suo consigliere diplomatico, il Presidente aveva ricevuto al Quirinale, a due riprese, l'ambasciatore sovietico Bogomolov, proponendogli nientemeno che un piano di riunificazione delle due Germanie. In base ad esso i due Stati tedeschi avrebbero dovuto integrarsi in forma di confederazione, con un Governo unico, ed essere «neutralizzati» per vent'anni. Contemporaneamente sarebbero state adottate misure per il disarmo e per un trattato di sicurezza collettiva in Europa.

Le idee di Gronchi potevano essere buone o cattive: non era questo che importava. Importava il fatto che l'Alleanza atlantica puntasse a una totale integrazione della Germania Federale nell'Occidente, e non a una Germania riunificata e neutrale. Il Capo dello Stato aveva cioè sostenuto una tesi che contraddiceva quella del suo Governo e degli alleati. Il Presidente del Consiglio Segni, il vice-presidente Saragat e il Ministro degli Esteri, il liberale Gaetano Martino, si recarono in delegazione al Quirinale per un chiarimento, e l'ottennero.

Con quelle premesse, la trasferta negli Stati Uniti, ebbe, nonostante le cordialità protocollari, un andamento teso. Gronchi fu, dal principio alla fine, deliberatamente sgarbato – e ricambiato con eguale comportamento – nei riguardi di Martino: e palesemente ostile alla signora Luce, che ad un certo punto decise di viaggiare, nelle varie tappe della visita, con aerei di linea e non con quello che Eisenhower aveva messo a disposizione della delegazione italiana.

Ancor più travagliato fu il viaggio che Gronchi compì in Unione Sovietica agli inizi del 1960: e che era stato da lui fortemente voluto, contro venti e maree. Per sondare in proposito i dirigenti di Mosca, Gronchi aveva accuratamente evitato di passare per i canali del Ministero degli Esteri. S'era bensì servito dell'ambasciatore nella capitale sovietica, Luca Pietromarchi, ma dopo averlo intrattenuto, a Roma, in colloqui confidenziali. A Pietromarchi s'erano affiancati personaggi piuttosto eterogenei: il giornalista Giancarlo Vigorelli, il Ministro del Commercio con l'estero Dino del Bo, Enrico Mattei: gli ultimi due impegnati in trattative commerciali e petrolifere con l'Urss.

Antonio Segni, Presidente del Consiglio, e Giuseppe Pella, Ministro degli Esteri del momento, erano tutt'altro che in sintonia con le iniziative di Gronchi. Quando furono messi al corrente del dialogo che s'era intrecciato, in larga parte a loro insaputa, tra il Quirinale e il Cremlino, espressero perplessità. Infine, acconsentirono senza entusiasmo alla visita, pur essendo incerto, per qualche tempo, se Gronchi dovesse essere scortato da Pella, o da un sottosegretario.

Pella decise infine d'andare a Mosca. Tuttavia Segni pose delle condizioni. L'invito sovietico a Gronchi doveva arrivare non da Kruscev ma dal maresciallo Voroscilov, Presidente del Presidium dell'Urss: cosicché, quando fosse venuto il momento di ricambiare, a Roma arrivasse l'incolore maresciallo, e non l'irruento Kruscev. Con questo si voleva evitare che il Vaticano sollevasse obbiezioni, sempre possibili e temute benché con Giovanni XXIII l'allergia della Santa Sede a tutto ciò che sapeva di comunismo si fosse alquanto attenuata. Il Vaticano storse comunque il naso, ma lo dimostrò solo attraverso un commento di padre Messineo su *Civiltà Cattolica*. Gronchi diede a Segni e a Pella tutte le garanzie d'ortodossia atlantica e di prudenza che gli venivano richieste, pur sapendo che i vertici sovietici si facevano ancora, al suo riguardo, delle illusioni. Dopo Bogomolov, anche il nuovo ambasciatore di Mosca, Kozyrev, insisteva nel considerare il Presidente della Repubblica un atlantico per forza, disposto a convertirsi.

L'arrivo di Gronchi a Mosca era stato fissato per l'8 gennaio: ma una indisposizione lo costrinse a rinviarlo di quasi un mese, fino al 6 febbraio. Gronchi era il primo Capo di Stato cattolico che andava in Russia dopo la rivoluzione del 1917, ed era il secondo Capo dello Stato italiano che visitasse quel Paese: Vittorio Emanuele III vi aveva soggiornato – nella allora capitale Pietroburgo – nel luglio del 1902.

Mosca accolse Gronchi con il gelo meteorologico (25 gradi sotto zero) e con il calore contadinesco di Nikita Kruscev. Il Segretario del Pcus pareva d'ottimo umore sia all'aeroporto, sia il giorno successivo quando ricevette Gronchi e il seguito nella sua dacia. Lunghe conversazioni, e nessuna decisione perché, sottolineò il riservato Pella, «non c'era nulla da decidere». Ci fu ben poco di rilevante da segnalare nei colloqui che si svolsero nella sala del Consiglio dei Ministri.

La burrasca arrivò, improvvisa, durante il ricevimento all'ambasciata italiana. Nel suo saluto agli ospiti Gronchi aveva dosato le parole, insistendo sulla necessità che fosse osservato «il pieno, reciproco rispetto della personalità interna e internazionale di ciascuno». Quanto alla distensione, aveva detto: «Distensione non è cedimento di una parte di fronte all'altra, altrimenti sarebbe capitolazione da un lato e sopraffazione dall'altro... Distensione esprime invece un concetto che implica il riconoscimento sincero degli altrui diritti e delle altrui libertà».

La risposta sarebbe toccata, protocollarmente, a Voroscilov. Ma Kruscev s'impadronì del microfono, e il maresciallo, che aveva verso di lui un atteggiamento servile e gli accomodava sul petto le decorazioni se s'impigliavano per la foga dei movimenti, si guardò bene dall'opporglisi.

Sprizzando scintille dagli occhietti furbi Kruscev diede l'avvio, aggressivamente, a un dialogo concitato (ne ricaviamo le battute dalla trascrizione che ne fece Giulio Cesare Re, portavoce di Pella).

Kruscev: Il Presidente Gronchi non può decidere tutti i problemi citati senza aver pensato se deve restare nella Democrazia cristiana o passare al Partito comunista... Propongo anche al signor Pella di entrare nel Partito comunista.

Pella: Sarà difficile.

Gronchi: Io mi auguro che lei, toccato dalla grazia di Dio, si iscriva nelle file della Democrazia cristiana.

Kruscev: Io sostengo che il mio Partito, che dà i migliori beni alla popolazione sulla terra, è il migliore. Da quando esiste il Partito democratico cristiano?

Gronchi: Da qualche anno, sempre meno di quanto esista in Russia il Partito comunista.

Kruscev: Facciamo un confronto. Che cosa hanno fatto l'Italia con la Democrazia cristiana e l'Urss con noi? L'emblema sovietico è sulla luna. E quello dell'Italia?

Gronchi: Di solito ha di più chi ha più mezzi. Noi non abbiamo miniere e risorse naturali.

Mentre il marchese Fracassi, che al Quirinale era responsabile del cerimoniale, ripeteva preoccupato a Gronchi «Presidente, facciamola finita», intervenne Pella: «Mi permetta, ma non possiamo essere d'accordo con le idee che lei ha esposto sulla Germania e su Berlino».

Kruscev: La vita è maestra e chi crede nell'intelligenza capirà da solo. Lei crede che la vostra posizione sia la migliore, ma la migliore è la nostra.

Pella: Quella italiana è la migliore. Mi dispiace per lei.

Kruscev: La vostra sa di nazionalismo.

Disperato, Fracassi si intromise offrendo a Kruscev la tradizionale coppa di *champagne* e il focoso *mugik* l'accettò ridendo: «Ecco che i diplomatici servono a cavarci d'impaccio».

Il battibecco suscitò scalpore. La firma dei consueti accordi minori, l'indomani, si svolse in un'atmosfera d'imbarazzo. Pella, avvicinatosi confidenzialmente a Kruscev, lamentò che l'episodio del giorno prima avesse compromesso il paziente lavoro d'avvicinamento tra i due Paesi. Il russo parve stupito (e probabilmente lo era davvero), e poi con una manata cordiale disse a Pella: «Allora mi scuso, mi scuso».

A Gronchi poteva essere rimproverato d'aver tanto voluto un viaggio che in definitiva aveva fatto più male che bene: ma non gli si poteva imputare alcun cedimento. Il tono polemico di Kruscev l'aveva del resto costretto – anche nel caso che le sue intenzioni fossero state diverse – a dimostrarsi fermo. Sulla Germania Kruscev era stato perentorio: «Ciò che la guerra ha conquistato solo la guerra può portar via».

Il Quirinale e anche il Governo – quest'ultimo per dovere d'ufficio, forse, più che per convinzione – insistettero nel considerare positivo l'esito della visita. Di parere nettamente opposto furono sia i liberali e le destre, sia i comunisti. I primi perché ritenevano che la missione di Mosca avesse mancato di un'adeguata preparazione e di indispensabili cautele, i secondi perché addebitavano agli atteggiamenti «provocatori» di Pella le reazioni scomposte di Kruscev. Ma ancora una volta Gronchi dovette riconoscere che la realtà della situazione internazionale era più forte delle sue smanie di primattore.

CAPITOLO SESTO

TAMBRONI

Fernando Tambroni, l'uomo cui il Presidente Gronchi affidò il 21 marzo 1960 l'incarico di formare il Governo, era a cinquantanove anni un veterano della politica e del potere democristiano. Una nota del suo ufficio stampa ne tracciava – senz'ombra d'ironia – questo lusinghiero ritratto, che certamente aveva avuto l'approvazione del ritrattato: «L'onorevole Tambroni appartiene a quella borghesia maschia e virile che si affaccia sui problemi sociali e politici senza infingimenti, ma soprattutto senza paure. È un lavoratore efficiente e metodico in un mondo di pigri, un solutore di problemi legislativi, un difensore strenuo e implacabile di quella invalicabile linea che distingue la nostra etica politica dal marxismo della estrema sinistra».

Di statura media, di eleganza provinciale, lo sguardo furbo in un volto tutto sommato simpatico, Tambroni era marchigiano, di Ascoli Piceno. Fin da ragazzo aveva militato nelle file del Partito popolare, presto ricoprendo incarichi di rilievo nelle organizzazioni giovanili. Fu vice-presidente della Fuci (universitari cattolici) quando ne era presidente Giuseppe Spataro. Poi a ventiquattro anni, laureato in legge, divenne segretario provinciale per Ancona del Partito popolare.

La democrazia prefascista era agonizzante, e quella nomina pose Tambroni in rotta di collisione con le autorità locali del Regime, che dopo il discorso mussoliniano del 3 gennaio 1925 spazzavano via, con i mezzi più spicciativi, ogni residuo d'opposizione. Tambroni subì un «fermo di polizia», che gli fu accreditato a lungo come titolo re-

91

sistenziale: ma che cessò di esserlo nello stesso momento in cui i fatti di Genova facevano di lui il bersaglio obbligato delle sinistre. A quel punto il «fermo» si tramutò – forse con maggiore aderenza alla realtà – in una semplice convocazione davanti a un gerarca fascista di Ancona, tale ragionier Avenanti, che gl'ingiunse di sottoscrivere un atto di sottomissione piuttosto umiliante.

Tambroni dichiarò di «abiurare la sua fede politica» e di riconoscere in Benito Mussolini «l'uomo designato dalla Provvidenza di Dio a forgiare la grandezza di un popolo». Si trattasse di farina del sacco di Tambroni, o di farina del sacco di Avenanti, certo è che questa formula precorse, in termini assai simili, l'altra assai più famosa di Pio XI dopo la Conciliazione. Tambroni aggiunse, *ad abundantiam*, che la sua abiura era la «conclusione logica del suo atteggiamento politico da più di un anno a questa parte». Così riabilitato agli occhi del Regime, poté esercitare con successo la professione di avvocato. Allorché ne ebbe modo chiese, e prontamente ottenne, l'iscrizione al Partito fascista. Arruolato nel 1939 nella milizia contraerea, combatté la guerra in divisa di centurione, ad Ancona, alternando le incombenze marziali all'attività professionale.

Un *curriculum* come tanti altri, non particolarmente lodevole ma nemmeno particolarmente deplorevole: che non fu di ostacolo, comunque, al suo lesto ritorno, dopo la caduta del fascismo, nelle file cattoliche, e alla sua rapida ascesa. In breve tempo fu segretario provinciale della Dc di Ancona, sotto la protezione del notabile di casa, Umberto Tupini: e nel 1946 si conquistò un seggio di deputato alla Costituente.

Da quel momento in poi – dapprima con l'appoggio di Tupini, poi nonostante la diffidenza di Tupini impensierito dal dinamismo arrampicatore del suo discepolo – Tambroni scalò i gradini che portavano ai piani nobili del Palazzo romano. Fu sottosegretario, quindi Ministro della

Marina mercantile, beneficando largamente i cantieri navali della sua e di altre città. Nel 1955 si aggiudicò nel Governo Segni – l'abbiamo visto – uno dei dicasteri chiave, quello dell'Interno. Dimostrò al Viminale capacità organizzativa, grinta, spregiudicatezza. Quando la sua leggenda nera andò assumendo connotati sempre più foschi e magari fantasiosi, si parlò di intercettazioni telefoniche in danno anche – o soprattutto – di «amici» democristiani.

In un volume a tesi (e la tesi è ostile a Tambroni) edito da Sugar e dedicato al luglio 1960, Piergiuseppe Murgia ha scritto: «Tambroni crea un Ufficio psicologico con a capo due marchigiani, Tomassini e Balestreri, suoi uomini di fiducia; e un Ufficio di polizia politica di cui affida il comando all'ex-questore di Trieste De Nozza. Tambroni impiega il primo apparato a raccogliere indiscrezioni sulla vita privata di parlamentari, prelati, giornalisti, grandi finanzieri, e su coloro che hanno posti di rilievo nel Governo e nei Partiti: in particolare in quello democristiano. Dei *dossiers* accumulati egli si serve ampiamente come arma di pressione per completare la sua ascesa politica. Il secondo apparato, modellato sui servizi segreti americani, viene mimetizzato sotto un'etichetta di un'organizzazione commerciale e svolge un'attività totalmente clandestina e illecita di sopraffazione politica».

Sostenuto da Gronchi, non sgradito – come Ministro dell'Interno – ai socialisti, pronto a contatti con la destra monarchica e missina, Tambroni tenne la sua poltrona anche con Zoli e con Fanfani (Governo del 1958), accreditando, o tentando di accreditare, un suo ritratto bifronte: di politico che nel Congresso democristiano di Firenze s'era proclamato aperto a sinistra e disponibile per l'apertura al Psi, e di intransigente tutore della legge e dell'ordine. Avvertiva in un discorso: «Ogni tentativo di minaccia alle istituzioni (l'ho già detto ma mi pare che nel nostro Paese vi sia molta gente con l'ovatta nelle orecchie), e quindi di pericolo per le libertà, sarà decisamente contenuto e, ove sia necessario, senza esitazioni e per il bene della collettività decisamente represso».

Quest'ambizioso fu designato, per volontà di Gronchi, a guidare un Ministero che ambizioni non poteva e non doveva averne: segnato da scadenze di morte ravvicinata già all'atto della sua nascita. Era tendenzialmente un Ministero monocolore «pendolare», disposto ad accettare voti da sinistra e da destra pur di reggersi qualche mese: fino alla conclusione delle Olimpiadi o fino all'approvazione dei bilanci dello Stato.

La scelta dei Ministri risultò, come al solito, laboriosa, perché si trattava se non di saziare – impresa impossibile – almeno di smorzare gli appetiti delle correnti democristiane, e di offrire all'esterno la sensazione che il Partito dello scudo crociato avesse riacquistato, dopo tante burrasche, un'accettabile unità. Gli Esteri furono dati a Segni, gli Interni a Spataro, la Giustizia a Gonella, il Tesoro a Taviani, la Difesa ad Andreotti, i Trasporti (e questa fu la sola vera novità) a Sullo che rappresentava la Base. Tupini finì alle dipendenze del suo ex-allievo, nel settore frivolo del Turismo e dello Spettacolo.

Il 4 aprile, nel discorso con cui chiedeva la fiducia della Camera, Tambroni fece professione d'umiltà, dichiarò d'aver accettato l'amaro calice benché la sua vita non gli avesse mai «offerto tanta amarezza quanta ne ho sofferto dal 21 marzo a oggi». Chiese un voto di attesa, appellandosi al patriottismo del Parlamento, e si sforzò di catturare consensi dovunque: tra i missini lasciando intravedere l'eventualità d'una loro completa legittimazione; tra i socialisti promettendo l'immediata modifica della legge elettorale per i consigli provinciali (modifica che avrebbe consentito al Psi di presentarsi disgiuntamente dal Pci senza perdere seggi); tra i monarchici di Lauro impegnandosi all'approvazione di provvedimenti in favore di Napoli e del Mezzogiorno.

Quest'opera di seduzione funzionò in una sola direzione, quella del Msi. Nenni, che una volta tanto vedeva bene, rilevò che Tambroni aveva sbagliato grossolanamente la sua impostazione. «Avrebbe dovuto dire: sono qui per la forza delle cose. Chiedo alle Camere due mesi di tregua politica. Nel frattempo voteremo i bilanci e i Partiti chiariranno le loro posizioni. Approvati i bilanci, il Ministero si dimetterà e ognuno assumerà le proprie responsabilità e io le mie nello spirito della posizione assunta al Congresso di Firenze (in quel Congresso, lo si è accennato, Tambroni si era pronunciato spavaldamente per soluzioni di sinistra, scavalcando Fanfani – *N.d.A.*). Né noi né Saragat né Oronzo Reale avremmo potuto in questo caso rifiutare la nostra astensione. Invece Tambroni si è avventurato in un programma di dieci anni, cioè nella più artificiosa delle costruzioni. Rischia così di avere i soli voti fascisti. Pressappoco un suicidio.»

Che tale apparve, infatti, quando si arrivò al voto di fiducia. Il Governo passò (300 sì e 293 no) grazie alla boccata d'ossigeno – peraltro avvelenato – di 24 missini e di 4 «indipendenti di destra». Fu contraria anche la Südtiroler Volkspartei con i suoi tre deputati.

Avuta la fiducia della Camera, il Governo perse immediatamente quella di settori influenti della Dc. Fioccarono sul tavolo di Tambroni le lettere di dimissioni dei Ministri Bo, Pastore e Sullo. Segni lasciò capire che, avendo rifiutato di presiedere un Governo sorretto in forma determinante dai neofascisti, non poteva restare in un altro che senza i neofascisti sarebbe caduto subito. La frana era rovinosa, e Tambroni, dopo qualche disperato sforzo per puntellare l'edificio che andava in pezzi (s'era affannato ad assicurare l'*interim* dei Ministri dimissionari), ammise la sconfitta: l'11 aprile rassegnò le dimissioni nelle mani di

Gronchi che doveva ricominciare tutto daccapo, mentre la Borsa, che dopo la nomina di Tambroni era stata presa da grande euforia, piombava nel più nero pessimismo facendo perdere all'indice, in un solo giorno, il 3,6 per cento.

Fanfani, cui Gronchi dovette affidarsi, si trovò nella necessità di attuare una svolta a sinistra se voleva, perduti i voti missini, garantirsi almeno l'astensione socialista, e insieme nell'impossibilità di attuarla per le resistenze di settori importanti della Dc, solidamente agganciati alle gerarchie ecclesiastiche. Era la quadratura del circolo. Una coalizione della destra democristiana, che includeva Scelba, Andreotti, Paolo Bonomi, Pella (finalmente concordi), mise Fanfani sull'avviso: l'apertura ai socialisti avrebbe provocato la spaccatura del Partito. A questa presa di posizione s'aggiunsero quelle di deputati singoli (Mario Berry, Luigi Durand de La Penne, l'eroe della seconda guerra mondiale) che resero noti i loro «casi di coscienza». Il professor Gedda e i cardinali Ottaviani e Siri esercitarono ogni possibile pressione per frenare quello che sarebbe stato, a loro avviso, un pericoloso slittamento verso il marxismo ateo, e l'onorevole Evangelisti avvertì che «un braccio di ferro con il Vaticano» era per la Dc fuori da ogni logica. In maniera più articolata e concreta l'onorevole Del Falco ammonì: «Il Paese sta vivendo un periodo di eccezionale prosperità economica e sarebbe pericoloso provocare una inversione di tendenza. Ogni tentativo aperto a sinistra provocherebbe inevitabilmente una paralisi degli investimenti... Bisogna essere chiari sulla nazionalizzazione degli elettrici. Io sono contro».

Il 22 aprile (1960) fu chiaro per Fanfani che la Dc avrebbe affrontato in ordine sparso, tra polemiche e diserzioni, il voto su un Governo con i socialdemocratici e i repubblicani, aperto ai socialisti. Quella sera stessa egli portò la sua rinuncia al Quirinale, e annunciò in televisione che «alcuni parlamentari» avevano sollevato, nella Dc, problemi di coscienza, e che essendo necessario «il massimo di compattezza della prevista coalizione», egli scioglieva negativamente la riserva.

L'indomani Gronchi decise che Tambroni, avendo già avuto il voto favorevole della Camera, si presentasse al Senato come era previsto dalla procedura parlamentare per l'insediamento e la convalida del Governo. Sulla linea scelta dal Capo dello Stato ripiegò, contrita o soddisfatta, la Dc. Le opposizioni chiesero invano che Tambroni dovesse riaffrontare la Camera dalla quale era stato in sostanza sconfessato, dopo il voto di fiducia. Leone, che della Camera era Presidente, si assunse «in coscienza» – la coscienza era molto di moda in quei giorni – la responsabilità di dichiarare improponibile l'eccezione comunista e socialista. Promosso anche dal Senato, Tambroni fu in grado d'intraprendere il suo cammino. Che sarebbe stato, assicurò, breve: il 31 ottobre, dopo l'approvazione dei bilanci, il suo Governo, ventiquattresimo nella storia della Repubblica, avrebbe fatto harakiri.

Ma le avventurose vicende attraverso le quali il Governo era passato, resuscitando per volontà di Gronchi, avevano lasciato strascichi di animosità e di malcontento, e ansie di vendetta, in molti esponenti politici, inclusi quelli della Dc. Si aspettava solo un'occasione per scatenare l'offensiva contro «l'alleato dei fascisti», ormai esecrato quanto Scelba, e meno stimato. Tambroni era conscio di queste insidie: ma s'illudeva, per eccesso di presunzione o per mancanza d'intuito, di riuscire a superarle acquisendo consensi nel Paese con misure popolari. In fin dei conti aveva l'appoggio dello strapotente «petroliere» Mattei, e il «miracolo economico» gli consentiva di ridurre i prezzi della benzina e dello zucchero. Fino a tutto ottobre aveva via libera, anzi credeva di averla. Nel frattempo – questo era il suo disegno – avrebbe manovrato, con ogni mezzo, per accrescere la sua statura politica. Preparava manovre contro i prevedibili agguati, e gli accadde invece d'incappare in un agguato che non era prevedibile, e che gli fu fatale.

Nella prima quindicina di maggio una notizia pubblicata con modesto rilievo dai quotidiani annunciava che «la direzione del Msi ha deciso di convocare il VI Congresso nazionale del proprio partito a Genova per il 2, 3 e 4 luglio».

Nessuno si mosse e nessuno si commosse. In fin dei conti già cinque Congressi missini s'erano svolti e tutti sapevano, nell'ambiente romano, che quello indetto da Arturo Michelini sarebbe stato più d'ogni altro in precedenza, moderato, e sganciato dai miti tonitruanti e dalle suggestioni del fascismo duro, squadrista, intransigente, erede di Salò.

Michelini, scettico amabile e disponibile, poteva essere tutt'al più l'erede del fascismo affaristico opportunista e grasso. Soddisfatto del credito politico ottenuto con l'appoggio al Governo Tambroni, che senza quell'appoggio sarebbe defunto, Michelini si proponeva di sanzionare nel Congresso (secondo la testimonianza di Filippo Anfuso) la rottura ideologica con il fascismo storico, e l'integrazione nel sistema democratico. Forse sarebbero stati cambiati anche l'etichetta e il simbolo del Partito. È possibile che Tambroni avesse avuto affidamenti in proposito e che contasse sulla «democratizzazione» del Msi per rendere più accettabile la maggioranza di cui era costretto a servirsi.

Gravi avvenimenti accrescevano, in quelle settimane, la tensione nel mondo. Un vertice di Parigi tra i quattro grandi (Eisenhower, Kruscev, MacMillan, De Gaulle) era fallito perché, dopo l'abbattimento di un aereo spia U2 americano che sorvolava il territorio sovietico, Kruscev aveva preteso da Eisenhower scuse ufficiali, e la condanna dei responsabili. Eisenhower s'era detto disposto unicamente a interrompere i sorvoli. Kruscev, benché si trovasse a Parigi, disertò pertanto il *summit*. Mentre s'andava così annuvolando l'orizzonte internazionale, l'Italia sembrava avviata verso un'estate di stagnazione politica e di soddisfatto dinamismo economico, all'insegna dell'*enrichissez-vous*. Anche quando si seppe che il Congresso missino sarebbe stato tenuto nel genovese teatro Margherita di via XX Settembre, a poche decine di metri dalle lapidi che ricordano gli eccidi nazisti e la resa delle forze tedesche, nessuno fiatò.

Solo il 5 giugno la pagina di cronaca genovese dell'*Unità* pubblicò la lettera di un operaio, ex-partigiano, in cui si chiedeva che Genova rifiutasse d'ospitare il Congresso del Msi. La lettera era scritta in un politichese elaborato anche là dove faceva appello alle mozioni degli affetti e dei ricordi. Vi erano delineati tutti gli argomenti che sarebbero stati ripresi con martellante insistenza nei giorni successivi, e che avrebbero infiammato le piazze durante i comizi.

Fu la scintilla che fece divampare l'incendio. Il 6 giugno, con reattività questa volta fulminea, i rappresentanti genovesi di cinque Partiti (comunista, socialista, socialdemocratico, repubblicano, radicale) lanciarono un manifesto in cui denunciavano il Congresso missino come una «grave provocazione» ed esprimevano «il disprezzo del popolo genovese nei confronti degli eredi del fascismo». Da allora in poi fu un susseguirsi di riunioni, appelli, proclami in cui l'imminente Congresso era definito un insulto a Genova antifascista, e come l'episodio ultimo d'una trama di destra che s'era manifestata con la maggioranza clerico-missina, e che tendeva a soffocare le aspirazioni popolari.

Il movente politico dell'agitazione – senza dubbio alcuno ispirata e guidata dal Pci – era tenuto un po' in sordina per lasciar posto all'indignazione e al pianto su Genova profanata dalla presenza «nera», e sui morti della Resistenza oltraggiati. Corse voce che il Congresso sarebbe stato presieduto da Carlo Emanuele Basile, prefetto della città nei tempi bui della Repubblica di Salò, e degli arresti e torture di partigiani. Il movente politico emerse poi con grande evidenza nella prefazione dettata da Domenico Riccardo Peretti Griva, Presidente onorario della Cassazione (un insigne magistrato a riposo che s'era lasciato «abbracciare» dal Pci), per un volumetto commemorante le giornate di Genova: «La Resistenza – scrisse Peretti Griva – aveva pazientato, permettendo al Msi di tenere ben cinque Congressi. Ma quando vide che i neofascisti erano riusciti addirittura a condizionare la maggioranza parlamentare e ad affacciarsi quindi, col beneplacito del Governo, alla vita costituzionale dell'Italia... e che essi con oltraggiosa sfida avevano voluto imporre il Congresso a Genova, Genova disse, questa volta con assoluta risolutezza "ora basta"».

La tesi era, insomma, che il Msi potesse tenere i suoi Congressi solo per la indulgente tolleranza degli antifascisti e che potesse sempre scattare – non in base alle norme costituzionali e legislative, ma in base alla valutazione dei movimenti antifascisti – un divieto. Alla volontà di far cadere il Governo Tambroni s'intrecciava il proposito di perpetuare l'equivoco d'un Msi non fuorilegge, ma a libertà limitata. Non fuori legge – nonostante le richieste verbali, effimere e poco convinte di dichiararlo tale – perché i suoi voti in frigorifero erano sottratti alla maggioranza moderata. Ma non pienamente accettato perché in tal caso quei voti sarebbero diventati – come s'era visto – importanti e operanti.

Il 25 giugno, durante un corteo di protesta, si ebbero i primi incidenti. Ma tutto lasciava ancora supporre, a quel punto, che il Congresso potesse svolgersi. Fu affermato dalla sinistra che «la domenica 2 luglio, mentre i fascisti sarebbero stati occupati nei loro riti nella sede ovattata del Margherita, il popolo di Genova, in piena luce, avrebbe ascoltato la parola di Ferruccio Parri, concludendo così il ciclo delle grandiose manifestazioni popolari». Una risposta alla «provocazione», dunque, non un no al Congresso.

Il no venne da Sandro Pertini, trascinato dalla sua irruenza generosa e sprovveduta. Egli non s'avvide di contribuire al successo d'una manovra che trovava larga rispondenza in alcuni settori dell'opinione pubblica, ma che aveva l'impronta evidente del Pci, tanto che Pietro Nenni qualche giorno dopo annoterà sul suo diario: «Come era facile prevedere, la vittoria antifascista di Genova, della quale siamo stati tra i principali autori, viene usata dai comunisti in termini di frontismo, di ginnastica rivoluzionaria, di vittoria della piazza, tutto il bagaglio estremista che pagammo caro nel 1919. È invece una vittoria della coscienza antifascista del Paese, uno stimolo alla svolta a sinistra, proprio quello che i comunisti non vogliono».

Il 28 giugno Pertini, nel proclamare il suo veto al Congresso, tuonò: «La polizia sta cercando i sobillatori di queste manifestazioni unitarie e non abbiamo nessuna difficoltà a indicarglieli. Sono i fucilati del Turchino, di Crovasco, della Benedicta, i torturati della casa dello studente...». La Camera del lavoro di Genova indisse uno sciopero generale dalle 14 alle 20 del 30 giugno, e il questore Lutri – che aveva proprio in quei giorni assunto il suo incarico, e che fu subito messo sotto accusa come persecutore dei partigiani a Torino e come «noto simpatizzante dei Partiti di destra» – fece affluire in città massicci rinforzi di polizia.

La manifestazione che era stata prevista in coincidenza con lo sciopero ebbe, nella sua prima fase, uno svolgimento tranquillo. Imponente la partecipazione, accesi i discorsi, ma nessun incidente. Alle 17.30, dopo che un lungo

101

corteo era sfociato in piazza della Vittoria, la massa si andò disperdendo, secondo programma.

Nel descrivere le circostanze in cui divampò in piazza De Ferrari – che non aveva ragione d'essere coinvolta – una vera e propria battaglia, la pubblicistica di sinistra è insieme enfatica e reticente. Ha scritto Anton Gaetano Parodi, nel volumetto che ebbe la citata prefazione di Peretti Griva, e che fu pubblicato dagli Editori Riuniti: «Centomila persone cominciano a disperdersi, migliaia risalgono via XX Settembre per portarsi in piazza De Ferrari e di lì a Caricamento, ai capolinea tranviari. Piazza De Ferrari è di nuovo gremita. All'improvviso si scatena l'inferno. Le camionette della Celere aggrediscono i manifestanti con violenza mentre gli idranti cominciano a vomitare acqua... Una prima camionetta (della polizia – *N.d.A.*) viene rovesciata e incendiata davanti alla sede della società Italia, una seconda nel centro di piazza De Ferrari, una terza all'imbocco di via Roma. Nove automobili private colpite dalle bombe lagrimogene vengono avvolte dalle fiamme. Le vie laterali a piazza De Ferrari e i vicoli di porta Soprana sono disselciati. I dimostranti rispondono con la violenza alla violenza...».

Egualmente partecipe ed evasiva la versione di Piergiuseppe Murgia: «Gli scontri nascono improvvisi. Urlano le sirene, cominciano le cariche. Un elicottero inizia dall'alto il lancio di lagrimogeni. La nube densa di gas scende sulla piazza. La folla si batte con energia furiosa. Qua e là sorgono improvvise barricate fatte con le sedie e i tavolini dei bar... La polizia assalta con i manganelli e con i calci dei moschetti scagliando bombe lagrimogene, le camionette vengono lanciate a tutta velocità contro la folla. I cittadini rispondono con le pietre, con bottiglie e mattoni. Larghi pezzi di strada vengono disselciati. Quando le camionette arrestano per un momento la loro corsa la folla le circonda, le aggredisce e le rovescia. Gli agenti caricano in gruppo ma vengono separati e affrontati individualmente... Un primo consuntivo ufficiale parla di 80 agenti contusi e 36 altri, tra i quali un ufficiale, feriti. Numerosi anche i feriti civili... Il Consiglio federativo ligure della Resistenza organizza un comitato permanente con i caratteri e i poteri del comitato di liberazione "pronto a prendere in mano il Governo della città"».

Ed ecco infine come gli avvenimenti furono raccontati da un cronista del *Corriere della Sera*, che è anche uno degli autori di questo libro: «La testa del corteo – o piuttosto di quel che rimaneva del lungo serpente di folla – era sboccata in piazza De Ferrari. Là sostavano cinque camionette della Celere, accostate al marciapiede davanti al palazzo della società di navigazione Italia. Furono presto circondate da una schiera di persone vocianti che si sedettero e, sedute, insultavano gli agenti La massa cominciò a stringersi attorno alle camionette, serrandole sempre più da presso. Arrivai in piazza De Ferrari quando già il tumulto prendeva forza. Qualcuno aveva lanciato un sasso o un altro oggetto contro gli uomini delle camionette, stanchi di essere svillaneggiati. È sempre difficile in questi casi identificare esattamente la scintilla dell'incendio. Udii la sirena lacerante delle camionette che cominciavano a volteggiare, caddero i primi candelotti, la piazza fu ben presto avvolta da una caligine che attossicava i polmoni e arrossava gli occhi. In alcuni momenti gli agenti hanno sparato colpi in aria per intimorire la folla che li premeva da vicino. I tavolini, le sedie, i vasi di fiori dei bar della piazza furono gettati in mezzo alla via XX Settembre a formare un embrione di barricata. Giovanotti muscolosi si applicavano a divellere cassette di immondizie, a staccare dalle pareti di un portico riquadri con i programmi dei cinematografi, a spaccare i cavalletti che recingevano un piccolo cantiere di lavori in piazza De Ferrari. Nelle mani dei manifestanti comparvero, stranamente, bombe lagrimogene... La sassaiola contro la polizia era incessante. Un agente fu buttato nella vasca della fontana di piazza De Ferrari, altri vennero colpiti dalle pietre e andarono sanguinanti a medicarsi. Alcuni dimostranti, catturati, venivano issati rudemente, tra una gragnuola di ceffoni, sulle jeep...».

Protagonista dell'attacco alla polizia era stata una minoranza che dava l'impressione d'essere ben preparata, psicologicamente e anche tecnicamente, alla guerriglia stradale: pronta a trovare, nella strada, un arsenale d'armi estemporanee, ma per quello scopo efficaci. I portuali, dalle' cui file il Pci attingeva le sue truppe scelte, erano muniti dei temibili ganci di cui si servono per scaricare le navi. Altri seri incidenti erano avvenuti a Torino, mentre pullulavano in ogni parte d'Italia le iniziative di protesta.

Nella precaria calma ch'era stata ristabilita a Genova fu avviato quella sera stessa un laborioso negoziato per la ricerca di una soluzione all'emergenza. I missini erano assediati nell'albergo Columbia, di dove alcuni dimostranti più eccitati volevano stanarli, trattenuti a stento dalla polizia.

Michelini schiumava di rabbia per il «tradimento» del Governo che non aveva saputo dar protezione al suo Congresso e ai suoi camerati. Secondo l'*Europeo* Tambroni, incalzato da chiamate telefoniche del segretario missino, s'era fatto per diverse ore negare, riversando sul titubante Ministro dell'Interno Spataro ogni responsabilità. Quando finalmente Michelini l'ebbe al telefono, Tambroni s'affannò a rabbonirlo. «Caro Arturo, caro Arturo, vedi...» «Ma che Arturo e che Arturo – aveva replicato l'altro furibondo – mi dia del lei e mi chiami onorevole.»

I gestori del teatro Margherita fecero in gran fretta sapere che la sala non era più disponibile per il Congresso. La prefettura propose che i missini lo tenessero nel cinema Ambra di Nervi, al che Michelini contropropose che, se il Msi doveva andarsene in periferia, ci andasse anche Ferruccio Parri per il comizio già annunciato. Il comitato della Resistenza resistette, e il Msi deliberò d'annullare il Congresso. I delegati ripartirono sotto forte scorta di polizia mentre la direzione del Partito annunciava che alla Camera, sul bilancio, i suoi deputati avrebbero votato contro.

I comunisti presero pretesto dai tumulti – e dalla sostanziale resa del Governo – per chiedere che d'allora in poi la lotta politica fosse condotta «in comune, attraverso un patto di lealtà reciproca». Peretti Griva reclamò l'immediata liberazione dei dimostranti che erano stati arrestati: «Hanno agito – sentenziò – per legittima difesa e in stato di necessità, contro i soprusi dell'altra parte. Guai se il popolo non fosse insorto. Si sarebbero preparate al Paese nuove ore tragiche: ed io mi auguro che la magistratura sappia interpretare esattamente la realtà».

In effetti altre ore tragiche vennero presto, proprio sulla scia dei tumulti di Genova. Il Consiglio federativo della Resistenza aveva indetto un comizio a porta San Paolo a Roma – là dove si era avuto, il 10 settembre 1943, un conato di eroica e vana lotta contro i tedeschi dilaganti dopo l'armistizio di Badoglio – per le 19 di mercoledì 6 luglio. La Questura di Roma vietò la manifestazione che – spiegò – «avrebbe acuito l'esasperazione dell'opinione pubblica» e recato «grave pericolo di turbamento dell'ordine pubblico». I promotori del comizio si ribellarono all'*ukase*: il corteo e la manifestazione si sarebbero svolti egualmente.

La folla che si avviò verso porta San Paolo era preceduta da molti parlamentari che gli agenti caricarono – perché non li avevano identificati come tali, o magari perché li avevano identificati – senza alcun riguardo. Alcuni deputati furono percossi. In risposta alla «aggressione» delle forze dell'ordine la Cgil proclamò uno sciopero generale nazionale cui non si associarono né la Cisl né la Uil.

L'indomani a Reggio Emilia i disordini lasciarono sul terreno non contusi, ma cinque morti. Nel teatro Verdi della città emiliana era stata convocata una manifestazione socialcomunista. La sala indicata dalla Questura – che non voleva comizi all'aperto – era palesemente inidonea ad accogliere le molte migliaia di convenuti. Polizia e carabinieri tentarono prima d'arginare, quindi di disperdere la folla nella quale erano molti i turbolenti. Attorno agli uomini dei reparti d'ordine era sempre più incalzante la pressione delle avanguardie eccitate. La spirale della violenza fu avviata nel modo consueto: gli insulti ai poliziotti, qualche pietra, la reazione con i candelotti lagrimogeni, i caroselli.

Il già citato Murgia ha scritto che «gli agenti di Cafari (vice-questore, assolto con formula piena da ogni addebito nel processo che seguì – *N.d.A.*) devono ritirarsi, respinti da una fitta sassaiola. Ritornano ai camion, ma ne trovano uno solo, l'altro appare, poco distante, fermo contro il porticato del palazzo delle poste tra le fitte nubi di gas (di questo secondo camion i dimostranti si erano impossessati – *N.d.A.*). Gli agenti vanno a recuperarlo. I manifestanti avanzano tra le jeep che girano impazzite. Ragazzi, operai, si buttano con coraggio e con furia. Gli agenti si ritirano sempre più, incalzati dall'avanzare dei cittadini».

In quei frangenti drammatici alcuni agenti e carabinieri persero, secondo ogni evidenza, la testa: e spararono non a scopo intimidatorio, ma nel mucchio, contro coloro da cui si sentivano minacciati. S'è accennato che cinque furono i morti, parecchi i feriti.

La notizia dell'eccidio giunse a Roma mentre la Camera era in seduta. Nenni passò a Lizzadri, perché lo leggesse, un foglietto con queste frasi: «La tragedia di Reggio Emilia colpisce il Governo, la sua maggioranza e la sua politica. Il solo dibattito possibile è politico, e non può avere che un obbiettivo: che il Governo, questo Governo, se ne vada. È il solo modo di evitare altre, più gravi sciagure». Tambroni ostentò calma. Chiesta e ottenuta la parola, disse: «Il Governo farà interamente il proprio dovere e difenderà lo Stato, le sue libere istituzioni, e la sicurezza dei cittadini». In uno slancio d'unanimità che sarebbe durato poco, i democristiani scattarono in piedi e applaudirono con fervore.

Ma subito dopo la Dc fu attanagliata da perplessità. Lo era anche Nenni, assai meno perentorio, in privato, di quanto fosse alla tribuna politica. L'iniziativa di porta San Paolo era stata futile, se n'era accorto financo Pertini. «Sandro, che c'era, è indignato per la provocazione ministeriale, ma anche per il modo sciocco e ingenuo con cui la manifestazione è stata organizzata.» «Qui si rischia – è un altro passo del diario di Nenni – di rimanere vittime di una colossale provocazione. Il meccanismo è quello del 1922. Incidenti in piazza, tumulti in Parlamento, proteste, controproteste, scioperi locali, sciopero generale, morti. E poi daccapo. È un meccanismo che gira da solo. Ognuna delle varie fasi assume il carattere dell'inevitabile. L'insieme crea una situazione di guerra civile.»

La diagnosi era fondata. Anche a Palermo e a Catania, dove pure era stato proclamato lo sciopero generale e dove – scrisse Nenni – «la piazza è rimasta per alcune ore in balia di elementi irresponsabili e incontrollabili», si ebbero tre morti in scontri con la polizia. Ma Tambroni si sentiva, nonostante tutto, saldo in sella. In fin dei conti la Dc gli aveva espresso solidarietà.

Un primo siluro gli venne dal Presidente del Senato che amava, lo sappiamo, le sortite benintenzionate e clamorose. L'8 luglio Merzagora, aperta la seduta del Senato, trasse di tasca un foglio e lo lesse tra la sorpresa generale. Era un appello per una tregua di quindici giorni, durante la quale le forze di polizia sarebbero rimaste consegnate nelle caserme: a loro volta i Partiti e le organizzazioni sindacali si sarebbero impegnati a sospendere scioperi e manifestazioni. Nel frattempo, il Parlamento avrebbe dibattuto l'intera situazione.

Togliatti – di ritorno da Mosca dove aveva discusso con i dirigenti sovietici i contrasti tra Cina e Urss – commentò: «La proposta di Merzagora apre di fatto una crisi di governo». Tambroni interpretò il gesto del Presidente del Senato oltre che come un tentativo di scavalcare e sconfessare Gronchi, anche come un attacco alla sua (di Tambroni) posizione. In sostanza l'appello metteva sullo stesso piano le forze di polizia e gli estremisti che avevano fatto degenerare le proteste di piazza. Il giornalista Enrico Mattei rivelò sulla *Nazione* che Tambroni era fuori dai gangheri perché Merzagora aveva pugnalato alle spalle il suo Governo «mentre era impegnato in una difficile repressione d'un moto sedizioso». Anche Gronchi era irritato: al segretario della Dc, Moro, che era andato al Quirinale disse di non voler essere il Kerenski italiano e che fino ad ottobre non era il caso di pensare a crisi di governo.

Previsione temeraria, perché la Dc tentennava e pur ribadendo a parole il suo pieno appoggio a Tambroni esprimeva «positiva disposizione verso le prospettate convergenze democratiche». La formula era sicuramente di Moro, che delle convergenze, democratiche o parallele, era un fautore; ed aveva incontrato il favore dei socialdemocratici, dei liberali e dei repubblicani.

Non rassegnato, Tambroni ottenne che un Consiglio dei Ministri del 14 luglio gli desse mandato «di esporre alla Camera dei deputati la realtà dei fatti, denunciando le responsabilità dei promotori e riaffermando l'inderogabile obbligo dello Stato di tutelare la libertà di tutti i cittadini». Solo in subordine il Governo affermava la sua disponibilità ad «assecondare ogni possibile evoluzione della situazione politica e parlamentare».

Con il viatico dei Ministri, Tambroni disse alla Camera che l'intero ciclo dei disordini era stato preordinato dai comunisti per «uscire dall'isolamento». Ricordò che nel '56, quale Ministro dell'Interno, aveva fatto difendere, dopo i fatti d'Ungheria, le sedi comuniste minacciate da dimostranti infuriati per il servilismo del Pci verso Mosca. Di quei fatti, aggiunse Tambroni, «Togliatti che oggi commemora i morti di Reggio Emilia con opportunistica commozione, si assunse il compito della legittimazione». Il Governo – questa la conclusione – era imparziale nella tutela della libertà.

Tambroni si aggrappava alla sua poltrona, ma la Dc faceva poco o nulla per rendergliela più comoda: come sempre, in casa democristiana c'erano molti amici del nemico e nemici dell'amico. Moro intesseva una fitta trama di contatti e approcci per vedere come potesse essere liquidato senza scandalo il personaggio scomodo che occupava la scena. Il segretario della Dc era ossessionato, secondo quanto riferirono indiscrezioni giornalistiche, dall'idea che Tambroni lo facesse pedinare: tanto che, si asserì, dormiva in rifugi segreti, fuori casa.

Tra i potenziali alleati della Dc i più incerti erano i liberali: che solo il 17 luglio diedero la luce verde a Malagodi – 21 parlamentari a favore, 5 contro – per l'adesione al Governo *in fieri*. La sera di quello stesso giorno fu ufficialmente annunciato che Dc, Psdi, Pri e Pli avevano raggiunto l'accordo per la formazione d'un monocolore democristiano appoggiato dai Partiti laici. I Partiti messi assieme dalle «convergenze democratiche» avevano, fu spiegato, «programmi diversi» e non rinunciavano al loro «patrimonio ideale»: ma sottolineavano la «pregiudiziale importanza della difesa della libertà».

Mentre Moro suggellava così la sua mediazione, Gronchi e Tambroni s'assentavano, intenzionalmente, da Roma: il primo a San Rossore, il secondo a Grottaferrata dove sovente trascorreva i fine settimana. Si dovette aspettare fino al 19 luglio, un martedì, perché il Consiglio dei Ministri prendesse atto dell'esistenza di «una nuova maggioranza parlamentare per la formazione di un nuovo Governo». Tambroni era congedato con tanti ringraziamenti. Quel pomeriggio Gronchi accettò le dimissioni del suo protetto, cui rimproverava tuttavia d'aver voluto strafare, scatenando l'opposizione e le contromosse di tutte le forze politiche che già vedevano nel Quirinale un centro di potere troppo dinamico e intraprendente, e che non tolleravano di saperlo affiancato da una Presidenza del Consiglio altrettanto spregiudicata.

Fanfani ebbe l'incarico di formare il Governo; e ne formò uno che, dopo tanta bufera, ripeteva i connotati del precedente. Tambroniano senza Tambroni. I moderati avevano i posti chiave. Scelba, il celerino per eccellenza, agli Interni, e non si poteva proprio dire che nel cambio tra Spataro e lui, la piazza ci avesse guadagnato. Segni, Andreotti e Gonella furono confermati rispettivamente agli Esteri, alla Difesa, alla Giustizia. Spataro venne retrocesso – ed era il meno che potesse capitargli – ai Trasporti. Tambroni rifiutò le poltrone ministeriali che gli erano state offerte e che giudicò inadeguate, come consolazione. Parri lamentò che «l'ondata retriva» fosse stata sconfitta nelle piazze, ma che l'Italia da essa espressa restasse «nei posti di comando». Nenni, dopo un colloquio cordiale con Fanfani, diagnosticò che sotto l'etichetta di sinistra il Presidente del Consiglio «sfugge alle catalogazioni per un eccesso insieme di fantasia e di cinismo». Sul voto di fiducia il Psi si astenne, tra i mugugni di molti suoi esponenti – compreso Pertini – che lo volevano ancora all'opposizione.

Fernando Tambroni, che s'era affannato a dimostrare,

documenti alla mano, d'avere sempre agito con il consenso del suo Partito e dei suoi Ministri, molti dei quali erano rimasti senza problemi àl Governo, venne fulminato da un infarto, a Roma, il 18 febbraio 1963. Le rituali lamentazioni della Dc per «la immatura scomparsa dell'indimenticabile amico» risuonarono alte e false sotto le volte del Palazzo.

CAPITOLO SETTIMO

E L'ENEL FU

Il Governo fanfaniano delle «convergenze parallele», cui Moro aveva assegnato il compito di «restaurare la democrazia» incrinata dall'esperienza Tambroni, sopravvisse alle elezioni amministrative del novembre 1960, ma già con qualche turbamento, e con evidenti segni d'avvio del centrosinistra aperto ai socialisti.

Nella consultazione amministrativa la Dc aveva subìto un calo, in confronto alle politiche del '58. Nulla di catastrofico, ma un segnale d'allarme (dal 42,4 al 40,3 per cento). Il miglior risultato era stato ottenuto dal Pci, protagonista d'una delle sue molte resurrezioni (dal 22,7 al 24,5), il peggiore dai monarchici, che erano stati quasi dimezzati (dal 4,8 al 2,9) ed avevano ceduto una parte notevole del loro elettorato al Movimento sociale. Nenni disse alla Camera, a risultati acquisiti, che il benevolo attendismo dei socialisti era finito, e che bisognava riconsiderare la situazione.

Intanto a Milano (nel gennaio del 1961) a Genova (in febbraio) a Firenze (in marzo) erano varate giunte locali con l'inserimento organico del Psi. Questa novità, che era di rilievo, provocò una protesta vibrata di esponenti e organizzazioni cattoliche. Il cardinale Siri scrisse a Moro per esprimergli il suo addolorato stupore di fronte a cedimenti democristiani che considerava deleteri per il Paese. I liberali si trovarono in una posizione di evidente disagio. Capivano che la caduta del monocolore di Fanfani – la cui azione s'accordava sufficientemente con i desideri del Pli – avrebbe aperto la strada a sbocchi politici sfavorevoli: e d'altro canto non potevano rimanere inerti mentre si moltiplicavano le avvisaglie d'una svolta a sinistra.

Fanfani viaggiava. Nel giugno del 1961 andò a Washington e riuscì a conquistarsi la simpatia del Presidente Kennedy che disse: *I like that fellow*, questo tipo mi piace. Ai primi di agosto era a Mosca per un incontro con Kruscev che fu meno tempestoso di quello di Gronchi, ma altrettanto inconcludente. Segni, Ministro degli Esteri, accompagnò Fanfani quasi senza interloquire, e guardandosi bene dall'approvare. L'italiano e il russo parlarono di varia umanità, e Fanfani chiese a Kruscev se avesse letto l'enciclica *Mater et magistra* di Giovanni XXIII. Non l'ho letta, rispose Kruscev, e Fanfani gli domandò come facesse a occuparsi di pace con quella vistosa lacuna. Kruscev obbiettò che non aveva letto tutta l'enciclica, ma conosceva il passo riguardante la socializzazione.

Da Mosca Fanfani tornò con la convinzione che fosse opportuno negoziare con i sovietici: ma fu colto di sorpresa dalla brutale decisione con cui Mosca, il 13 agosto 1961, deliberò la divisione definitiva di Berlino e la costruzione del famigerato muro. Non si sarebbe arrivati ai fatti compiuti, si lamentò Fanfani, se gli alleati l'avessero ascoltato. Ebbe uno scambio di lettere con Kruscev, e il 28 agosto diramò tramite l'Ansa una nota polemica in cui spiegava che Kruscev aveva accolto «l'invito espressogli dall'onorevole Fanfani di dar corso a trattative sui problemi internazionali dell'attuale momento tra i Governi alleati e l'Unione Sovietica».

La Dc procedeva, nelle mani esangui di Aldo Moro, verso un Congresso il cui compito – non esplicitamente enunciato ma da tutti conosciuto – era di avallare l'apertura ai socialisti a livello nazionale. Un convegno democristiano a San Pellegrino, nel settembre del 1961, aveva posto le basi ideologiche del gran passo. Il sociologo Achille Ardigò vi aveva tracciato le linee d'una politica democristiana che fondesse gli ideali della socialdemocrazia avanzata con quelli della tradizione popolare cattolica. In novembre fu certo che il Congresso sarebbe stato tenuto a breve termine. Moro si sentiva in grado d'affrontarlo nelle migliori condizioni. S'era anzitutto dissipato il timore che Gronchi potesse profittare d'una crisi per sciogliere le Camere: in ottobre era cominciato il periodo finale di sei mesi del suo mandato, durante il quale questa facoltà gli era preclusa. Nessun colpo basso poteva ormai arrivare dal Quirinale. Inoltre la maggioranza detta degli «amici di Moro e Fanfani», nella quale erano confluiti i dorotei, contava su un buon ottanta per cento dei prevedibili consensi.

All'opposizione era ancora Mario Scelba, attorno al quale s'era aggregato circa il venti per cento del Partito. Ma il «destro» Andreotti, con uno dei «salti della quaglia» che hanno caratterizzato tutta la sua carriera politica, s'era spostato nell'area vincente. Ruggero Orfei, il suo biografo, ha così illustrato il giro di valzer andreottiano: «Andreotti riuscì a entrare nel Congresso di Napoli in modo storico. Ebbe la finezza di definire il discorso del segretario del Partito "un'enciclica intitolata *Casti connubi*". Un sorriso, una boutade, una bottarella sulla spalla, e il centrosinistra aveva l'assenso dell'uomo da tutti considerato come il vaticanesco oppositore dell'apertura a Sinistra».

Davanti all'assemblea dei delegati, che si riunì il 27 gennaio 1962 a Napoli, Fanfani pronunciò un discorso alla Fanfani. Molte delle sue affermazioni erano sensatissime. «Il Paese cresce – gridò – e i Partiti rischiano di restargli indietro.» Aggiunse che il cattivo funzionamento dei servizi pubblici diventava sempre più insopportabile, e che prima d'affidare all'amministrazione nuovi compiti si doveva essere certi che riuscisse a svolgere quelli che già le erano affidati.

Sottolineò la sua chiaroveggenza. «Ho avuto – disse –

anche la sorpresa di vedere citate e stampate ad onore alcune delle mie affermazioni del '56 e del '58. Peccato – l'ho detto anche interrompendo Andreotti – che chi ora mi cita e mi approva, quando dicevo quelle cose da segretario del Partito, non mi citava e non mi approvava.»

Il compito di tracciare le nuove direttive del Partito spettava tuttavia all'altro capolista degli «amici», Aldo Moro: che parlò per sei ore, trascinando l'assemblea in un labirinto di distinguo, di tesi e antitesi, di premesse e di subordinate, ma in definitiva annunciò che il Psi poteva, anzi doveva essere accettato. Il passo più esplicito, pur nelle sue cautele, della relazione – che non prevedeva la partecipazione dei socialisti al Governo – fu il seguente: «È una prospettiva (quella del centrosinistra) che attende, nella difficile situazione italiana dove sono grandi punti interrogativi e scadenze serie ed urgenti, un processo di conseguente attuazione, il quale non significa imprigionamento del Psi in una qualsiasi maggioranza di comodo o la deformazione delle linee essenziali e della funzione del Partito, il che tra l'altro non gioverebbe alla democrazia italiana, ma il superamento dell'influenza presente (e del sospetto di essa) da parte del Pci, per rendere il Psi, nella sua integra fisionomia, totalmente disponibile al servizio della democrazia italiana. Ma questo è il discorso di domani: il discorso di quella alleanza politica organica, di quel reale collegamento, di quella appartenenza ad una comune maggioranza che il Congresso di Milano (del Psi – *N.d.A.*) esclude, come lo esclude, allo stato delle cose, la Dc, nella constatazione della rigida impostazione classista del Psi, del suo tormentato processo di totale e effettivo distacco dal Pci, dell'inevitabile peso di talune radici comuni tra i due Partiti nella prospettiva di politica estera». Per coloro che erano riusciti a seguirlo, questo esercizio contorsionistico voleva significare che il Psi era maturo per un ingresso nella maggioranza, non ancora per un ingresso al Governo.

Il Congresso si concluse il 1° febbraio. L'indomani Fanfani presentò a Gronchi le dimissioni del Governo, e si mise all'opera per formarne uno nuovo, ispirato alla filosofia del Congresso di Napoli. Da tre settimane di consultazioni e trattative uscì una coalizione Dc-Psdi-Pri con l'appoggio esterno dei socialisti. Scelba e Pella rifiutarono di partecipare al Governo che ebbe come vice-presidente Piccioni, come Ministro degli Esteri ancora Segni, come Ministro degli Interni Taviani, e poi Andreotti alla Difesa, La Malfa al Bilancio, il socialdemocratico Tremelloni al Tesoro.

Tra i sette punti programmatici del Governo, elaborati d'intesa con il Psi, erano l'attuazione degli organi di autogoverno nelle quattordici regioni a statuto ordinario che ancora ne mancavano, la scuola media unica, l'eliminazione delle industrie elettriche private, la fedeltà alla Nato. Su quest'ultimo punto Nenni si pronunciò nettamente: «Noi non abbiamo mai sollevato il problema del ritiro dalla Nato per due motivi. Il primo perché far questo significherebbe per noi essere accusati di demagogia, secondo perché ritirarsi nelle condizioni attuali significherebbe turbare l'equilibrio europeo che, pur essendo pericolosamente instabile, contribuisce al mantenimento della tregua tra i due blocchi».

La battaglia pro o contro la nazionalizzazione dell'energia elettrica – la cui prima fase terminò il 16 giugno 1962 quando Fanfani presentò la legge che sanciva la nazionalizzazione stessa – fu insieme economica, politica ed ideologica. Scontata la volontà nazionalizzatrice dei comunisti, prigionieri dei dogmi collettivisti e dirigisti, v'era nei socialisti una decisa spinta all'attuazione del progetto: che doveva essere un segnale, e in certo modo il simbolo, dell'ingresso socialista nella stanza dei bottoni. Portabandiera della nazionalizzazione era, nel Psi, Riccardo Lombardi. Onesto, serio, intransigente, Lombardi portava in questo scontro la passionalità fredda e l'astrattezza che caratterizzavano, con lui, il Partito d'azione dal quale proveniva. V'era in Lombardi un fondo puritano, un'avversione istintiva per la ricchezza, per il profitto, per quest'Italia del *boom* nella quale la lira stava per meritare l'Oscar delle monete assegnato dal *Financial Times*. Lombardi rivestiva i suoi ragionamenti di cifre e previsioni apparentemente impeccabili e sostanzialmente fragili: ma al fondo del suo pensiero era una volontà punitiva verso il grande capitale. Per questo, pur consapevole com'era della inefficienza statale, e dell'incapacità della macchina burocratico-amministrativa di far fronte agli impegni che già aveva, si batté per la nazionalizzazione, respingendo formule meno traumatiche, pur suggerite con insistenza (da Guido Carli tra gli altri): come l'irizzazione delle industrie elettriche, che avrebbe consentito di trasferirle alla proprietà pubblica in maniera pressoché indolore, conservando loro caratteristiche gestionali «private».

Sulla barricata opposta era la Confindustria, che non rappresentava però tutta l'industria, e nemmeno il gruppo in essa dominante, la Fiat. Valletta, che per la nazionalizzazione elettrica aderì alle tesi confindustriali, se ne distaccava invece di fronte alla prospettiva del centrosinistra. Alla testa della Confindustria era stato posto Furio Cicogna, ex-presidente dell'Assolombarda e della Chatillon: e preferito in quel momento dalla maggioranza degli industriali ad Angelo Costa, che la Fiat e la Montecatini avrebbero voluto rilanciare. Costa fu vice-presidente, insieme ad Alighiero De Micheli. Questo triumvirato s'era politicamente orientato in favore dei liberali, sganciandosi più o meno accentuatamente dalla Dc considerata esitante e poco affidabile in una situazione di scontro frontale.

117

Ma Valletta aveva preso le distanze dalla dirigenza confindustriale dichiarando che «il Governo di centrosinistra è un frutto dello sviluppo dei tempi. Non si può, e non si deve, tornare indietro». Aggiungeva il grande vecchio della Fiat: «Si commettono gravi errori non solo da parte dei sindacati ma anche da parte della Confederazione dell'industria. È mia impressione peraltro che quanto prima ambienti all'interno dell'organizzazione padronale faranno pressioni sui responsabili dell'attuale politica confindustriale affinché siano abbandonate certe posizioni di principio troppo rigide».

L'allarme degli industriali non derivava solo da ciò che la nazionalizzazione significava come principio (e i socialisti, con il loro solito vezzo di minacciare jatture mai verificatesi e di suscitare allarmi gratuiti, affermavano che, benché non fossero in vista altre misure del genere, non era escluso che venissero successivamente prese in considerazione); derivava anche dalle conseguenze dell'arrivo sul mercato del denaro delle somme ingentissime fissate per i risarcimenti. Somme che avrebbero consentito l'avvio di iniziative concorrenziali.

La Confindustria portò numerose pezze d'appoggio nella sua opposizione alla nazionalizzazione elettrica: rilevando altresì – dalle colonne del *Sole-24 ore* – che «la maggioranza della classe politica cattolica oggi vuole deliberatamente tentare le vie di una trasformazione sociale del Paese in cui la rappresentanza degli interessi, dei costumi, degli ideali della borghesia e soprattutto della borghesia più evoluta del Paese, che è quella della pianura padana, sia sistematicamente messa in minoranza».

La nazionalizzazione passò, e fu approvata dalla Camera, il 27 novembre 1962, con 371 voti favorevoli e 57 contrari.

Alle società espropriate fu concesso un indennizzo equo, che si tradusse in denaro fresco, 1500 miliardi buttati in iniziative il più delle volte disastrose. Prevalse così la tesi più favorevole alle società, in contrasto con quella, propugnata da La Malfa, secondo la quale il risarcimento doveva avvenire con il rilascio di obbligazioni agli azionisti. Cinquecento imprese finirono immediatamente nel calderone dell'Enel, in attesa che altre centocinquanta circa ne seguissero la sorte. Nenni riconobbe che «sul piano finanziario l'operazione presenta dei rischi». Non solo sul piano finanziario, come presto si vide. «L'Enel – ha scritto Italo Pietra nella sua biografia di Moro – dovrebbe essere un modello, una bandiera, un faro del nuovo corso voluto dal centrosinistra e inaugurato dalla nazionalizzazione: diventa ben presto la pratica dimostrazione di ciò che non deve essere il centrosinistra e di come non si devono fare le riforme.»

Per la nomina del Presidente fu subito rissa. La Malfa voleva il tecnico Felice Ippolito, Moro voleva l'avvocato Di Cagno, ex-sindaco di Bari, e vinse. I socialisti dovettero accontentarsi d'una vice-presidenza, e Pertini sbottò: «Basta una poltrona ormai per placarci?». Un posto di consigliere toccò, non casualmente, a Sereno Freato, l'uomo di fiducia di Moro. Per evitare che il personale dell'Enel creasse problemi furono elargiti a tambur battente sessanta miliardi in aumenti di stipendi e di salari. L'Ente che avrebbe dovuto incamerare i pingui profitti che prima finivano nelle casse delle società elettriche si avviò verso i bilanci in rosso. L'utopista Lombardi che s'era comportato – la similitudine è di Piero Ottone – come Raskolnikov il quale «uccise una vecchia per dimostrare a se stesso d'essere un superuomo», era servito.

Nel quinquennio 1959-1963 il «miracolo» italiano, che già s'era sviluppato con vigore nei primi anni Cinquanta e che poi aveva sofferto una breve flessione, riprese con slancio moltiplicato. La mutazione del Paese, ch'era stata ininterrotta dopo il periodo della ricostruzione, ebbe connotazioni impressionanti. Era un'altra Italia quella che si andava delineando sotto gli occhi d'una classe politica, troppo impegnata nelle sue piccole o grandi manovre, e nei suoi disegni bizantini, per avvertire la rivoluzione in atto: che era economica, sociale, e culturale in senso lato.

Una spinta determinante ai cambiamenti fu data dall'entrata in vigore, il 1° gennaio del 1958, delle norme Cee che riducevano gradualmente i dazi tra i sei Paesi allora membri della comunità. Gli industriali italiani, molti dei quali avevano atteso questa scadenza con angoscia, lanciando gridi d'allarme, videro aprirsi nuovi sbocchi per i loro prodotti. Infatti, tra il 1959 e il 1962, le esportazioni verso la Cee crebbero in percentuale dal 28 al 35 per cento del totale. Le statistiche facevano registrare primati italiani a catena. La produzione industriale – fissato a 100 il livello del 1958 – era a quota 142 nel '61, a quota 156 nel '62, a quota 170 nel '63: tutto il resto della Cee era rimasto distanziato. Gli investimenti lordi aumentavano del dieci e più per cento ogni anno, il volume del commercio estero si espandeva gagliardamente (nel 1961 era pari a 181 rispetto a 100 nel 1957).

I salari furono molto migliorati (in valore reale, depurato dell'inflazione): secondo dati Cee, avevano avuto un incremento dell'80 per cento in un quinquennio. «In talune categorie specializzate – ha scritto Norman Kogan, che a questi temi ha dedicato pagine esaurienti – i salari offerti erano talmente alti che superavano quelli corrisposti in Germania, e questo incoraggiò in certa misura il ritorno degli emigrati.» Si assistette in quel periodo allo spettacolo paradossale degli imprenditori italiani che inviavano i loro incaricati alle stazioni ferroviarie, perché accogliessero e ingaggiassero gli operai rientranti, necessari alle loro fabbriche. Il numero delle automobili in circolazione si moltiplicava, e di pari passo si moltiplicava il numero degl'italiani che prendevano la patente di guida: 358 mila nel 1958, un milione 250 mila nel 1962.

Questo flusso motorizzato ingolfava strade troppo anguste, anche se fu allora completata l'autostrada del Sole, da Milano a Napoli (e già erano stati avviati i lavori per il prolungamento fino a Reggio Calabria). Fu poi affermato che gli investimenti autostradali, decisi in ossequio alle esigenze e alle direttive della Fiat, avevano pregiudicato gli investimenti nel settore ferroviario, rimasto vecchio e inadeguato. Si può convenire sulle carenze del sistema ferroviario italiano. Ma forte è il sospetto che, se anche non si fosse posta mano alle autostrade (con la formula Iri, o di società autonome, che si rivelò ottima) l'Italia si sarebbe egualmente tenute le sue inefficienti e parassitarie ferrovie, e non avrebbe avuto le sue eccellenti autostrade.

È vero che gli stessi dati possono essere letti in modo diverso: e per Sergio Turone, studioso della storia sindacale, la produttività industriale migliorò, negli anni del secondo «miracolo», assai più dei salari, cosicché «il peso della ricostruzione postbellica e del rilancio economico gravò per intero sui sindacati».

Opinione rispettabile, ma troppo drastica. Solo chi non avesse occhi per vedere poteva sostenere allora, che il tenore di vita degl'italiani non si elevava, e a ritmo rapido, in tutte le fasce sociali. Resta ferma una constatazione, valida allora come venti o trent'anni dopo: una famiglia di quattro persone nella quale si abbia un solo reddito da lavoro fatica a tirare la fine del mese. Questo «caso», che a titolo polemico si vuole presentare come generalizzato e costante, è nella realtà italiana un'eccezione. Il che non rendeva e non rende meno acuto il disagio di chi si trova in quella situazione: ma non deve far dimenticare i milioni di famiglie con più salari, o con il doppio lavoro, o con redditi sommersi (si pensi agli operai, per la verità privilegia-

121

ti, di talune zone agricolo-industriali del Veneto o della Lombardia o dell'Emilia, che hanno il loro campo, e il lavoro in fabbrica).

L'abbandono dell'agricoltura come unica attività divenne, negli anni di cui ci occupiamo, fuga massiccia: il che era un segno d'adeguamento e di razionalizzazione delle attività produttive: ma era anche la causa di gravi scompensi e disadattamenti. L'inserimento dei nuovi inurbati era reso più difficile da una norma di legge che richiedeva fosse dimostrata l'esistenza d'un rapporto di lavoro per la concessione della residenza: il che creava una sorta di circolo vizioso (la norma fu poi abrogata). «Durante il quinquennio del *boom* – ha osservato Kogan – abbandonarono l'agricoltura per cercare lavoro nell'industria e nei servizi un milione 380 mila persone, circa il doppio di quelle che avevano abbandonato le campagne nel decennio precedente... Alla fine del 1963 la percentuale delle forze di lavoro occupate in agricoltura era scesa al 25,5 per cento.»

Il fenomeno si sarebbe determinato comunque. Fu tuttavia agevolato dal fallimento della riforma agraria d'impronta democristiana, concepita in modo vecchio, puntando sulla piccola proprietà contadina, destinata invece a declinare per far posto ad una agricoltura nello stesso tempo estensiva (per le dimensioni delle proprietà) ed intensiva (per i metodi di coltivazione). La piccola proprietà poteva sopravvivere solo se accoppiata ad una mentalità cooperativistica: che contrastava con l'indole diffidente e individualista del contadino italiano, soprattutto nel Meridione.

Dovunque la riforma si arenò o naufragò. L'esempio più drammatico d'insuccesso fu quello siciliano. La formula dei villaggi agricoli modello, che avrebbe dovuto creare molti nuovi proprietari, e redimerli dalla condizione bracciantile, fu rifiutata da chi doveva esserne beneficato. Nel 1964 ben 50 dei 54 villaggi modello che erano stati con grande dispendio realizzati risultavano abbandonati quasi del tutto. Paradossalmente, i contadini meridionali che riuscirono a proseguire nella loro attività, ricavandone alti guadagni, furono quelli che si trasferirono in talune zone del Nord, in particolare i floricultori insediatisi nel retroterra di Sanremo o di Imperia. Con i cultori dei fiori arrivarono in Liguria – come in Lombardia e in Piemonte – i cultori di altre meno encomiabili attività, i cascami di ambienti dominati dalla mafia, dalla 'ndrangheta, dalla camorra, dal padrinismo: esponenti della criminalità spicciola ed esponenti della criminalità organizzata. La Corte d'Assise d'Imperia che sonnecchiava senza lavoro divenne rapidamente una delle più attive d'Italia.

I massimi dirigenti dell'industria che – come Vittorio Valletta – avevano avviato questo gigantesco rimescolamento di popolazioni, di costumi, di culture, e che dilatavano i loro stabilimenti immettendovi centinaia di migliaia d'immigrati, non valutarono le implicazioni del fenomeno. Le Coree – ossia gli insediamenti suburbani delle metropoli, così chiamati dalla voce popolare che aveva fresco in mente il ricordo della guerra di Corea, e dei suoi profughi – nacquero, se non a loro insaputa, nella loro indifferenza. In fin dei conti non spettava a loro di programmare, arginare, educare, creare strutture urbanistiche e servizi: spettava ai Governi, irresoluti e imprevidenti, dibattuti tra le richieste di libertà che s'opponevano a ogni freno e controllo dell'immane corsa verso il Nord, e le richieste di dirigismo onnipresente e onnipotente.

Lo strano è che le une e le altre provenivano a volte dalla stessa barricata «progressista», cosicché si arrivava a una sostanziale anche se sotterranea alleanza tra il *laissez faire, laissez aller* predicato dall'industria che accumulava profitti ingenti, e i garantismi liberali, o libertari, d'una parte della Sinistra. Il risultato era una crescita potente e caoti-

123

ca, accompagnata da fenomeni economici degenerativi: come la speculazione edilizia – favorita dal lassismo delle autorità e dalla corruzione che consentiva la metamorfosi dei terreni agricoli in aree fabbricabili – che generò arricchimenti fulminei e colossali.

Si dovette arrivare al 1963 perché il Governo tentasse d'intervenire nel processo di surriscaldamento dell'economia, che aveva generato sintomi preoccupanti d'inflazione. Dopo un periodo di sostanziale stabilità i prezzi salirono sensibilmente facendo segnare nel 1962 un 6 per cento in più rispetto all'anno precedente, e nel '63 un altro balzo dell'8,7 per cento. Una forte stretta creditizia produsse, lo si vedrà meglio più avanti, il rallentamento dell'inflazione, ma anche un momento d'arresto in questa fase del «miracolo».

Il rigoglio economico degli ultimi anni Cinquanta e dei primi anni Sessanta portò alla ribalta una nuova generazione, o piuttosto una nuova «razza» d'imprenditori e di finanzieri, che s'affiancarono alle dinastie tradizionali e consolidate, gli Agnelli, i Pirelli, i Falck, i Volpi, tanto per citarne qualcuna. Se nel Meridione l'esemplare più insigne e pittoresco di questo capitalismo emergente e ruggente era Achille Lauro, a Milano esso ebbe i suoi campioni nei Riva, Giulio (il creatore) e Felice (il distruttore).

Giulio aveva intrapreso l'ascesa verso le vette facendo lo *stradin* «cioè – ha scritto Giorgio Santerini, biografo del figlio Felice – una via di mezzo tra il capo cantiere e il geometra progettista... un sarto delle strade e degli asfalti». Un buon matrimonio, e l'innata abilità negli affari, lo avviarono ad essere quello che sarebbe diventato: il proprietario d'un impero industriale e immobiliare, che aveva il suo fondamento nel Cotonificio Valle Susa. Il palazzo dei Riva, in via Borgonuovo 21, ossia nella Milano più esclusiva, aveva quattro piani più due seminterrati, 30 camere, un salone elicoidale, 15 bagni, un garage per 15 auto, due piscine, un campo da tennis, un rifugio antiatomico, giardini pensili. Appesi alle pareti quadri di Velázquez, Goya, Canaletto, Botticelli.

Giulio Riva era un manovratore quasi infallibile di pacchetti azionari (anche se qualche scalata troppo ambiziosa gli andò male): e non aveva mai badato ai mezzi pur di raggiungere i suoi fini. Una causa con il socio – diventato poi nemico – Giulio Brusadelli, aveva avuto risvolti pochadistici, perché Brusadelli, volendo annullare una compravendita, aveva preteso che gli fosse stata «estorta» dalla bella e giovane moglie, istigata da Riva.

Nel 1959 Giulio Riva morì prematuramente, e il primogenito Felice gli succedette nella guida delle aziende. Anche in quel lutto improvviso si ebbero venature da commedia, a dimostrazione d'un certo modo di vivere e di pensare di questa nuova classe. Ha raccontato Santerini: «Giulio è appena spirato. La sua amante, la nota signora che aveva lasciato il marito per lui, vola verso la clinica sulla Mercedes che lui le ha donato. La donna gli vuole bene davvero: si precipita dentro l'ospedale e lascia la pelliccia in macchina. Quando la poveretta esce, sconvolta, non trova più nulla. Sono stati i figli del Giulio che hanno ritirato tutto: auto e visone».

Felice Riva volle imitare il padre: anzi superarlo. Si mise in concorrenza con i miliardari collaudati, come gli Agnelli. Se Gianni aveva la Juventus, Felice volle avere il Milan: incalzava con i suoi consigli e ammonimenti Gipo Viani, l'allenatore. Voleva volare alto, in ogni campo, aggirando con le sue trovate finanziarie le vecchie volpi delle banche, insegnando il calcio a chi ne era sempre vissuto, e precipitò. Quando il Cotonificio Valle Susa fece bancarotta, e Felice Riva, dopo l'arresto e qualche giorno a San Vittore, fuggì a Beirut – dove subì un altro e ben più brutale periodo di prigionia –, si concluse una storia a suo modo esemplare del *boom* – e *controboom* – dei ricchi.

L'Italia del miracolo fu anche questo. Luci e ombre, realizzazioni impensabili e scandali avvilenti, un progresso la cui rapidità non aveva precedenti nella storia dell'Italia unita – tranne forse quello dei primi anni giolittiani – e insieme le premesse del degrado urbanistico e delle convulsioni sociali.

Su questa Italia che correva con bruschi scarti e con qualche inciampo, i Governi stavano in sella preoccupati di non essere disarcionati più che di tenere saldamente le redini e raggiungere una meta.

CAPITOLO OTTAVO

SEGNI AL QUIRINALE

Gronchi si avviava alla scadenza del suo mandato, e ci si avviava male. Nelle piccole come nelle grandi cose, il Quirinale era diventato, con lui, un centro di potere ambiguo e chiacchierato, solenne nei formalismi, prepotente nei privilegi, invadente nella politica nazionale, meschino nelle ingerenze e sopraffazioni finanziarie. Gronchi aveva una fobia, tanto parossistica quanto ingiustificata, degli attentati: e Andreotti se lo fece nemico, per qualche tempo, replicando con un sorriso divertito a notizie secondo le quali *paras* francesi e italiani avrebbero organizzato il rapimento del Presidente per poi trasferirlo, su un sommergibile, chissà dove. Il servizio di sicurezza che egli pretese superava quello garantito all'insonne Mussolini, i semafori erano bloccati sul percorso della sua Flaminia quando, quattro volte al giorno, percorreva il tragitto tra la casa di via Carlo Fea e il Quirinale. Aveva una smania ossessiva di piacere e di impressionare, e il caso spesso lo puniva: come quando le telecamere fissarono una sua caduta, nel palco d'onore all'opera, perché qualcuno gli aveva, intenzionalmente o no, sottratto di sotto il sedere la poltrona.

Il chiacchiericcio attorno a lui s'era infittito fino a diventare coro. Gli amici di Gronchi l'alimentavano con la loro petulanza. Venivano segnalati per posti e prebende individui «vicini a un'alta posizione», «noti in alto», «amici del vertice». Alcune, come dire?, indelicatezze divennero leggendarie. Quella ad esempio del Gronchi rosa, francobollo d'una serie di tre emessi in occasione d'una visita di

Stato in Perù, e ritirati perché contenevano un errore: tranne uno, quello rosa appunto lasciato per tre giorni in vendita, comprato dai bene informati a 205 lire e venduto a 250 mila come rarità filatelica.

Altre storie circolavano. Quella della svendita del patrimonio immobiliare e della catena di cinematografi dell'Eci, proprietà dello Stato, ceduti a privati sottoprezzo a rate e senza interessi: tutto per iniziativa del liquidatore dell'Ente, Torello Ciucci, amico di Gronchi e marito d'una sua amica. O quella secondo cui la caserma dei corazzieri in via XX Settembre sarebbe stata ceduta a privati per consentire la costruzione su quell'area di un grande albergo di cui imprecisati – o troppo noti – sarebbero stati i proprietari. Vi furono interrogazioni parlamentari – da aggiungere a quelle incessanti di don Sturzo – «per sapere come mai i tre consiglieri del Quirinale Giuseppe Mirabello, Francesco Cosentino e Antonio Cova, tutti molto vicini al Presidente, e il terzo suo intimo, avessero certi incarichi finanziari e un'intensa attività privata» (Domenico Bartoli).

Benché tanti sospetti e sussurri avessero appannato la Presidenza Gronchi, un gruppo di democristiani ne voleva la conferma per un altro settennato. Non era numeroso quel gruppo, ma era potente perché godeva dell'appoggio politico e finanziario di Enrico Mattei. Ha scritto Renzo Trionfera: «Il petroliere Enrico Mattei gli (a Gronchi – *N.d.A.*) mise a disposizione un miliardo tondo: sarebbe stato speso per comperare voti in Parlamento e simpatie esterne. Dell'opera di corruzione fu incaricato il generale Giovanni De Lorenzo, capo dei servizi segreti. Buste di decine di milioni furono distribuite tra grandi elettori di scarso scrupolo. Un residuo di quasi cento milioni venne offerto a un giornalista perché smettesse di combattere il vertice e i suoi amici... Di quest'ultima operazione, denunciata come tante altre, ebbe a occuparsi un procuratore generale definito di ferro che era sembrato deciso a far scattare molte manette. Non scattò nulla, tuttavia. Per le sue manovre Giovanni Gronchi si servì in modo spregiudicato del Sifar... Il servizio segreto venne degradato alle più basse ruffianerie, politiche e non politiche. Fornì scorte ad amici ed amiche del Presidente; schedò tutti i suoi possibili avversari e concorrenti».

Se una «dote» di impavidi democristiani era rimasta a Gronchi, gli mancava ormai quella di sinistra che l'aveva portato al Quirinale nel 1955. Comunisti e socialisti non erano più disposti a puntare sul suo nome. Scriveva Nenni: «Moro prevede che parecchi voti andranno a Gronchi. Per Gronchi io ho dell'amicizia, ma anche dei forti dubbi che attengono al principio stesso della rielezione, al suo gioco politico personale, ai centri di potere che ha lasciato sorgere attorno a sé. È certo comunque che una elezione concordata non porta a Gronchi, il quale potrebbe essere soltanto l'eletto di una maggioranza eterogenea, dai missini ai comunisti. Folchi mi ha raccontato questo episodio: l'ambasciatore sovietico nell'ultima visita a Gronchi si è accomiatato dicendo: "Verrò a salutarla il 2 giugno". "Ma il mio mandato scade il 2 maggio." "Ritengo che sarà ancora qui il primo giugno"».

Il segretario della Dc, Moro, non condivideva il parere dell'ambasciatore. Il suo uomo era il settantenne Antonio Segni, sardo di Sassari, professore universitario di diritto, veterano della politica, considerato il miglior possibile candidato, in quel momento, per molte ragioni. La sua elezione avrebbe dato una soddisfazione ai dorotei, che vedevano con preoccupazione sia l'avvio del centrosinistra, sia l'approvazione della nazionalizzazione dell'energia elettrica, sia altre misure «progressiste» che il Presidente del Consiglio Fanfani aveva incluso nel suo programma. Segni al Quirinale poteva dare un segnale rassicurante all'elettorato democristiano meno disposto ad aperture verso sinistra. D'altro canto l'uomo che aveva voluto le leggi di riforma agraria non poteva essere bollato come reazionario insensibile alle esigenze di socialità.

La candidatura di Segni per il Quirinale era stata conosciuta assai prima di diventare ufficiale. Ha raccontato Vittorio Gorresio che il 10 aprile (1962) Segni aveva visitato come Ministro degli Esteri la Norvegia e vi era stato accolto da un titolo di prima pagina del quotidiano *Dagbladet* che diceva: «Il nuovo Presidente d'Italia è a Oslo». E un sottotitolo spiegava: «Abbiamo l'onore di ospitare l'uomo che tra poche settimane sarà eletto alla Presidenza della Repubblica italiana». Quando i giornalisti gli chiesero cosa pensasse di quel pronostico, Segni si schermì con una delle sue risatine secche, finalmente rispondendo: «Devo dire che secondo la nostra Costituzione il Presidente viene eletto dal Parlamento e non dai giornalisti».

Ben sapendo quanti e quali veleni corressero nella Dc, Moro decise di chiedere ai gruppi parlamentari del Partito una votazione sulla candidatura: e ne fissò la data al 30 aprile, un lunedì, festa di Santa Caterina da Siena patrona d'Italia. Fu stabilito che gli scrutatori – per l'occasione lo stesso Moro, Benigno Zaccagnini e Silvio Gava – avrebbero proclamato solo il nome del designato, senza precisare il numero dei consensi raggiunti, né la posizione in graduatoria di altri esponenti Dc. Le schede sarebbero poi state bruciate. Segni vinse. Si seppe tuttavia, attraverso le solite indiscrezioni, che a lui era andata circa la metà dei voti. Gli altri s'erano dispersi su vari nomi. Non era un inizio promettente. Anche Moro rischiava di fallire, come De Gasperi e Fanfani, nel tentativo di far accettare il candidato ufficiale del Partito.

Segni non aveva aspettato quel momento per accertare o sollecitare gli appoggi che gli erano necessari. Voleva il Quirinale: e lo voleva con la tenacia e la durezza nascoste sotto un'apparenza fragile. «Un uomo esile più che magro, un volto esangue, i capelli bianchi e soffici come la seta, una sciarpa bianca al collo quasi tutto l'anno, e due mani lunghe, affusolate, sempre sollecite a salutare la folla. In più due occhi melanconici, un sorriso benigno.» Così lo ha ricordato Nicola Adelfi. Era di salute cagionevole, e indossava un leggero soprabito anche nelle serate della Roma estiva. Vestiva senza ricercatezza, anzi con la naturale eleganza degli aristocratici. Alla vigilia della sua elezione un nobile toscano, il conte Augusto Gotti Lega, aveva pubblicato sulla *Nazione* un articolo in cui garantiva a Segni la qualifica di patrizio genovese per antico diritto di famiglia. Cortese con un'ombra di altezzosità – come si addiceva a chi era insigne, oltre che per il censo, anche per la cattedra universitaria – Segni sapeva essere pungente, e all'occorrenza tagliente. Ostentava il suo pessimismo, e ne chiariva le ragioni. «Amico mio, – disse al già citato Nicola Adelfi – io sono pessimista per abitudine. Però sinora non me ne sono mai trovato male. Vede, mio caro, io ritengo che un moderato pessimismo assicuri due vantaggi: da una parte mi impegna a lottare con maggiore energia. Dall'altra i risultati, quali che siano, appaiono poi migliori di quelli previsti.» Secondo Gorresio il pessimismo di Segni «rifletteva uno stato d'animo sospettoso, diffidente, irritato».

Nessuno potrebbe affermare, peraltro, che il pessimismo d'un democristiano candidato alla Presidenza della Repubblica fosse ingiustificato. Segni fece e ricevette molte visite in quei giorni: vide i Presidenti della Camera e del Senato per gli auguri della Pasqua, che cadeva il 22 aprile. Ma si parlò anche d'altro, ovviamente. Evitò i contatti con Moro, che era corretto e impenetrabile. Finalmente (2 maggio 1962) cominciarono le votazioni. Nella prima Segni ottenne 333 voti, ma i franchi tiratori dc si fecero vivi con 20 voti a Gronchi e 12 a Piccioni. Segni faticava. Ebbe 340 voti al secondo scrutinio, e 341 al terzo.

Intanto comunisti e socialisti, che inizialmente avevano riversato i loro voti su candidati cosiddetti «di bandiera», facevano blocco con i socialdemocratici e i repubblicani per eleggere Saragat. Ma era un blocco poco solido, perché il Pci obbediva agli ordini di scuderia, ma il Psi era quasi allo sbando.

Nenni se ne rammaricava. «Giornata nera per il centrosinistra – scriveva nel suo diario il 2 maggio – e nerissima per il nostro Partito. L'elezione del Presidente della Repubblica era un compito difficile. Lo spirito di setta e la balcanizzazione del costume l'hanno terribilmente complicata. Saragat si è trovato coi voti comunisti, lui il campione dell'anticomunismo ideologico, e Segni coi voti liberali e la possibilità domani d'avere quelli fascisti, ma l'uno e l'altro senza nessuna ragionevole prospettiva di farcela. Ho anche l'impressione che oggi si siano bruciati i possibili personaggi di ricambio. Piccioni, che invece di tenersi di riserva si è buttato nella mischia, ha avuto cinquantuno voti che poi sono voti fanfaniani più qualche amico personale. Gronchi ha avuto quarantaquattro voti e se ne attendeva, a quanto dicono i suoi galoppini quattro volte tanti. L'indisciplina democristiana ha creato una situazione in cui, a giudizio di Moro che ho visto stasera tardi, le posizioni di ricambio si avverano tutte pressoché impossibili. Il resto l'ha fatto l'indisciplina della minoranza socialista, parte per fanatismo (pensava che l'insuccesso di Saragat le servisse nella polemica interna), pochi altri forse per motivi meno nobili. Al primo scrutinio si era deciso di votare per Sandro (Pertini) ed è stato bene... Al secondo si era deciso con notevole maggioranza di votare Saragat, ma nel segreto dell'urna una cinquantina di compagni si sono astenuti o hanno votato diversamente. Non era mai successo. I minoritari hanno del resto avuto la lezione che meritavano e l'hanno avuta dai comunisti i quali hanno riversato i loro centonovantasei voti su Saragat, il quale tuttavia non è il candidato dei comunisti. Togliatti mi ha detto che il solo candidato possibile per i comunisti è Fanfani o alla peggio Gronchi, sono cioè guidati da esclusivi motivi di politica estera.»

Liquidati i primi tre scrutini, che esigevano una maggioranza di due terzi delle assemblee riunite, Segni salì a quota 396 grazie agli apporti dei monarchici e dei missini. La soglia dell'elezione era a 428 voti. Ma quest'aiuto da destra, che risolse alla lunga la situazione, fu di imbarazzo per Moro che, consultati i presidenti dei gruppi parlamentari democristiani, stilò un comunicato dagli intenti chiarificatori. Vi si spiegava che «la piattaforma politica sulla quale l'elezione è stata proposta è di un deciso orientamento democratico, popolare, anticomunista e antifascista». Il segretario del Msi Michelini ribatté che la messa a punto non l'interessava. «Noi abbiamo votato per Segni e non per Moro. Per Moro non avremmo certo votato.»

La sera del 4 maggio tre dei maggiori esponenti della corrente dorotea, Emilio Colombo, Rumor e il sottosegretario Carlo Russo fecero visita a Segni nella sua abitazione di via Sallustiana, e deliberarono di sostenerne la candidatura «fino all'ultima possibilità». Il che legava le mani a Moro, che per sua indole, e anche per i suoi disegni politici, sarebbe stato probabilmente disposto ad afferrare l'opportunità di cambio di cavallo che Saragat aveva offerto indirettamente alla Dc. Con una lettera del 5 maggio che aveva per destinatari Togliatti, Nenni e Reale (ossia i *leaders* dei partiti che, assieme al suo, il socialdemocratico, lo avevano sostenuto) Saragat scriveva: «Di fronte all'ingenerosa e impolitica intransigenza della Dc nei miei confronti riaffermo la mia volontà di mantenere inviolato il principio che l'elezione del Presidente della Repubblica non deve essere il risultato di lotte interne di un Partito, ma della concordia dei Partiti dell'attuale maggioranza e, se possibile, d'una maggioranza anche più larga. Insisto quindi nel mantenere la mia candidatura. Ma riconfermo anche che se la Dc si dichiarasse disposta a sedersi attorno ad un tavolo con i rappresentanti del Partito repubblicano, del Partito socialista e del mio Partito per concordare all'unanimità una nuova candidatura, non esiterò un istante a ritirare la mia».

Ancora una volta la Dc rischiava di perdere per strada il suo candidato favorito. I liberali insistevano per l'intransigenza. Malago...... che «il tentativo di portare al Quirinale il centrosinistra, ed anzi...... ...a popolare nella persona dell'on. Saragat, deve fallire e fallirà, e se il centrosinistra dovesse rimanere installato a Palazzo Chigi e in tanti comuni e province, a cominciare da Roma, bisognerà sloggiarlo». Con il che – e anche questo preoccupava Moro – la battaglia per la Presidenza diventava battaglia pro o contro il centrosinistra.

La Democrazia cristiana questa volta non mollò. Nell'ottavo scrutinio (chiuso alle sette di sera di domenica 6 maggio) Segni toccò i 424 voti, a un soffio dall'elezione. Un suo colloquio con il Presidente del Consiglio Fanfani aveva prodotto frutti benefici: i franchi tiratori della corrente fanfaniana s'erano convertiti all'obbedienza. Fu frettolosamente indetta la nona votazione che rischiò di naufragare per un curioso incidente.

Quando cominciò la chiamata in ordine alfabetico dei votanti non tutti i senatori e deputati avevano ricevuto le schede. Fu subito il turno di Antonio Azara, democristiano, un magistrato ch'era stato primo Presidente della Cassazione e Ministro della Giustizia, e che era senza scheda. Con improvvida sollecitudine un altro democristiano, Angiolo Cemmi, che nella vita privata era notaio, gli porse la scheda di cui era in possesso, e che recava a grandi lettere il nome di Segni. Azara la prese e l'imbucò senza esitazioni nell'urna. Ma due deputati comunisti avevano visto, e insorsero urlando «camorra!» mentre Leone e Merzagora, i Presidenti dei due rami del Parlamento, cercavano di capire la ragione del trambusto. Finalmente Leone fu informato, sospese la seduta e ammonì Cemmi. Quindi ricevette Togliatti che aveva chiesto di parlargli urgentemente. In riassunto, Togliatti propose che la seduta fosse rinviata all'indomani, e che nel frattempo la Dc riflettesse sull'accaduto, e sull'opportunità di rinunciare a Segni. Togliatti lasciò chiaramente intendere che se il candidato democristiano fosse stato lui, Leone, lo schieramento che fino allora aveva appoggiato Saragat gli avrebbe dato i suoi voti.

Leone – lo confessò tempo dopo a Vittorio Gorresio, attento cronista di questa vicenda – fu messo di fronte a un dilemma angoscioso. Il rinvio della seduta rientrava nei suoi poteri; e il Quirinale non gli dispiaceva di sicuro. Ma alla sua sensibilità di giurista, e anche alla sua esperienza di politico, erano chiare tutte le insidie che il suggerimento di Togliatti racchiudeva. Per l'opinione pubblica, e anche per la storia, Leone sarebbe stato l'uomo che aveva utilizzato le prerogative della carica per spianarsi la strada verso una carica ancor più prestigiosa. «Interesse privato in atti d'ufficio», a voler riassumere con la terminologia del codice. Perciò la *gaffe* dell'alto magistrato e del notaio – gli esperti sono sempre i più pronti a sbagliare – causò solo un interruzione.

Alle dieci di sera la votazione nona-bis diede a Segni 449 voti. Era il quarto Presidente, eletto con i voti determinanti di monarchici e missini, mentre il Governo si reggeva sui voti socialisti. Saragat e Segni, che la successione alfabetica voleva vicini nella votazione, non si strinsero la mano passando l'uno accanto all'altro. Avvenuta la proclamazione, «Segni subito lasciò Montecitorio – ha ricordato Gorresio – ed io lo vidi affilato, bianchissimo, tirati tutti i lineamenti in una maschera d'indifferenza. I suoi fidati amici gli fecero gli auguri sulla soglia del portone e lui rispose laconico con voce senza accento: "Buonasera"». Mattei era furioso per l'umiliazione subita del «suo» Gronchi: «Me ne vado da Roma – disse a un collaboratore – perché se rimanessi non so cosa farei, potrei fare del male addirittura all'Eni». E corse in automobile verso una riserva per la pesca delle trote.

Il messaggio che Segni lesse alla Camera l'11 maggio ebbe un tono ben diverso da quello gronchiano. Nenni diagnosticò: «Se lo stile è l'uomo, lo stile annuncia un Presidente notaio del Parlamento, dopo Gronchi che aveva voluto essere il sollecitatore della vita pubblica nazionale e internazionale: e che in questo ruolo è fallito».

L'elezione di Segni al Quirinale non compromise la coalizione su cui si reggeva il Governo Fanfani, ma la rese insieme più statica e più fredda. Nella Democrazia cristiana i dorotei, pungolati dallo scontro frontale per la Presidenza della Repubblica e impensieriti dalla vicinanza delle politiche previste per la primavera del 1963, premevano sul freno: e nel Psi i «carristi», ossia la sinistra che s'era opposta al passaggio del Partito nell'area della maggioranza, premevano sull'acceleratore sottolineando il «tradimento» della Dc che aveva accettato i voti missini, e le inadempienze nell'attuazione del programma di centrosinistra. In realtà, mentre la nazionalizzazione elettrica faceva, come s'è visto, il suo corso, Dc e Psi erano ai ferri corti per le regioni.

La Dc, ch'era per tradizione regionalista, ora esitava a lanciarsi in un esperimento che aveva avuto anticipazioni inquietanti in quelle a statuto speciale, la siciliana in particolare (proprio in questi mesi era stata deliberata una Commissione parlamentare d'inchiesta per la mafia). Al contrario Psi e Pci, per tradizione unitari, s'erano convertiti al regionalismo più acceso. Dal Psi la Dc esigeva un

136

impegno a non formare giunte con i comunisti nelle regioni – Emilia-Romagna, Toscana, Umbria – in cui maggioranze di quel tipo apparivano non solo possibili ma altamente probabili. In risposta Nenni offrì la partecipazione diretta dei socialisti al Governo per la prossima legislatura. L'offerta fu declinata. La Dc voleva tenersi libera da impegni troppo vincolanti in vista d'una campagna elettorale nel corso della quale, era facilmente prevedibile, il *leader* liberale Malagodi avrebbe fatto suonare le campane a stormo per la disgregazione dello Stato e per la collettivizzazione dell'economia.

Quello che s'avvicinava alla prova delle urne era insomma un centrosinistra stanco e svogliato. Reso ancor più stanco e più svogliato da un incidente che sottrasse Nenni per un paio di mesi all'attività politica. A metà agosto (1962) il *leader* socialista trascorreva un periodo di vacanza a Cogne, in Val d'Aosta. Il 16 del mese aveva intrapreso tutto solo una lunga passeggiata. A mattinata inoltrata, sotto un sole molto caldo, sedette su un masso al bordo d'un torrente, e si accinse a leggere qualche pagina d'un libro che aveva portato con sé, *Storia dell'idea d'Europa* di Chabod.

«Mi ero messo a torso nudo – narrò poi Nenni – e ignoro se avessi o meno il basco. Una donna e una bambina, che poi ho saputo essere la signora Guatteri, parmense d'origine e abitante ad Aosta, mi sorpassarono. Debbo probabilmente a loro d'essere in vita. La signora mi vide precipitare e sparire nell'acqua impetuosa... Una seconda circostanza fortunata volle che le sue grida fossero udite da due giovani vercellesi, Pierangelo Sacchi (un compagno) e Giuseppe De Cecchi. Corsero, trovarono la passerella del torrente, mi raggiunsero, mi trassero fuori... I medici ritengono che sarebbe bastato un ritardo di quindici secondi perché fosse sopravvenuta la morte per annegamento.» I medici individuarono in un collasso cardiocircolatorio la causa della caduta. Nenni seppe allora quanto gl'italiani, anche i non socialisti, magari anche gli antisocialisti, avessero in simpatia la sua bonarietà rustica, la sua emotività, le sue scoperte astuzie di tribuno, le sue intuizioni e perfino i suoi errori di politico. Quando il vecchio capopopolo riapparve in pubblico a Roma, il 7 ottobre 1962, per una manifestazione celebrativa del settantesimo anniversario del Partito socialista, le acclamazioni che l'accolsero ebbero una intensità d'affetto e di commozione che superavano di molto l'occasione ufficiale. Venti giorni dopo questo ritorno di Nenni vi fu il viaggio senza ritorno d'un altro protagonista: Enrico Mattei.

Lo schianto con cui il bireattore Morane Saulnier dell'Eni s'infranse al suolo, alle 19 del 27 ottobre 1962, nelle vicinanze di Bascapé, scosse il Palazzo italiano. Diverse ma tutte intense furono le reazioni alla catastrofe che aveva tolto di scena Enrico Mattei. Ci fu chi, costernato, vide svanire i suoi progetti e chi, sollevato, seppe che finalmente potevano avverarsi. Nessuno, tra gli appartenenti al mondo politico, parapolitico, economico restò indifferente. L'Italia perdeva un protagonista. A cinquantasei anni il grande e discusso demiurgo che aveva esercitato la sua influenza sulla nascita d'ogni Governo e sulla fortuna d'ogni Ministro, e che era stato amato e odiato con eguale passionalità finiva, in senso letterale e in senso metaforico, il suo volo.

Pietro Nenni osservò nel suo diario: «In un certo senso la morte in volo è stata degna dell'uomo che per così dire aveva casa nella carlinga. Ma si tratta d'una perdita crudele che apre grossi problemi all'Eni. Mi ero sinceramente affezionato a Mattei, personaggio di una infinita seduzione... Aveva le qualità dell'uomo che si è fatto da solo, e quindi una smisurata fiducia in se medesimo. Aveva dell'uomo che si è fatto da solo anche i difetti, cioè l'accentramento. Non è sostituibile anche se la gigantesca azienda da lui creata dovrà ormai continuare senza di lui. Saremo in molti a rimpiangerlo per le sue qualità umane davvero

L'aereo di M...

portando a bordo, oltre al «petr... da Catania alle 16.57, nerio Bertuzzi e il giornalista americano Willi... che il pilota, Ir-
Tempo pessimo in Lombardia, con pioggia, nubi basse, foschie. Bertuzzi aveva tenuto la quota massima consentita dalla pressurizzazione, 3500 metri, e si era presentato al radiofaro di Linate in posizione anomala, 4000 piedi al di sopra della quota che avrebbe consentito l'imbocco diretto del sentiero di discesa. Alle 18.57 l'ultima comunicazione dall'aereo: «Raggiunto duemila piedi». Poi silenzio.

Il bireattore s'era disintegrato a Bascapé, tra Milano e Pavia: un paesaggio piatto di campi e marcite, a breve distanza dalla cascina Albaredo. Fu subito affacciata l'ipotesi del sabotaggio, che una prima inchiesta, decisa dal Ministro della Difesa Andreotti e affidata al generale di brigata aerea Ercole Salvi, dichiarò inconsistente. La sciagura fu attribuita «a perdita di controllo per spirale a destra», ossia, in parole povere, a un errore del pilota. Il fratello di Mattei, Italo, non fu appagato da quelle conclusioni e nel '63 presentò una denuncia contro ignoti «per avere cagionato, sabotandolo con mezzi fraudolenti nei congegni meccanici, la caduta e la distruzione al suolo dell'aeromobile Morane Saulnier». La magistratura entrò in azione, e ordinò una perizia che approdò ai medesimi risultati della precedente. In base ad essa, cinque punti – diligentemente elencati da Italo Pietra nella sua biografia di Mattei – erano pacifici e incontrovertibili: «I due reattori erano perfettamente funzionanti allorché l'aereo cadde in stallo; l'incidente si verificò repentinamente a seguito di una improvvisa spirale a destra del velivolo sfuggito al controllo del pilota; l'aereo giunse a terra integro in tutte le sue strutture; non si verificò alcuno scoppio in volo; gli aerofreni e il carrello di atterraggio erano ancora retratti». Per i tecnici e per la legge il problema era stato risolto.

Non lo fu invece per l'opinione pubblica e per molti scopritori di verità – o presunte tali – in questa vozionali documenti un «giallo» ebbero parte determinante certo giornalismo speculativo e certa dietrologia strumentale. Ma la ragione prima del sopravvivere di dubbi, sospetti e accuse stava nella personalità di Mattei: come pochi altri – e forse nessun altro in Italia – sembrava essere la vittima designata e perfetta d'un attentato.

Mattei faceva incetta di nemici con la stessa assidua efficacia con cui faceva incetta d'amici. Ogni sua iniziativa era, per qualcuno, una dichiarazione di guerra. Aveva profuso miliardi per favorire l'operazione Milazzo in Sicilia, per foraggiare la Base, per sostenere Gronchi, per sollecitare l'apertura a sinistra. Era un condottiero arrogante e intelligente, inviso a tanti in Italia, e a tanti altri fuori d'Italia. Era lo *sponsor* delle importazioni di petrolio sovietico in Europa – Kossighin aveva visitato Metanopoli – era la bestia nera delle sette sorelle petrolifere, era inviso al Dipartimento di Stato, era odiato dall'Oas che si opponeva all'indipendenza dell'Algeria, e che sapeva benissimo con quale larghezza Mattei avesse aiutato i ribelli antifrancesi. Alla Casa Bianca s'era insediato un Presidente «progressista», Kennedy, il cui esordio fu peraltro disastroso, con l'impresa della Baia dei Porci. Ma i rapporti americani sull'economia italiana continuavano ad attribuire a Mattei il ruolo del *vilain*, un megalomane senza scrupoli e senza freni. «Se la gestione delle industrie pubbliche continuerà ad essere lasciata priva di controlli – fu scritto in un rapporto – esse potranno cadere sotto il dominio di speculazioni personali, come è accaduto all'Eni per Mattei, diventando nei fatti monopoli privati appoggiati dall'autorità dello Stato e delle sue risorse, ma utilizzati da avventurieri come Mattei per promuovere il proprio dominio personale.» L'Oas era andata molto più in là dei giudizi negativi. Aveva fatto sapere, dalla Spagna, che Mattei sarebbe stato «giustiziato». Considerata l'attività antifrancese svolta da Mattei nell'Africa del Nord, e in particolare per quanto riguardava lo sfruttamento petrolifero del Sahara, l'Oas «ha il piacere di comunicare le decisioni prese in una riunione segreta a Parigi: sono considerati come ostaggi e condannati a morte il commendator Enrico Mattei e tutti i membri della sua famiglia (moglie figli ecc.)». I sanguinari dell'Oas non erano molto bene informati sulla composizione della famiglia di Mattei, che figli non ne aveva. Comunque si trattava d'una minaccia che risaliva all'estate del 1961, e dopo d'allora l'Oas era stata messa in ginocchio.

Mattei dava fastidio alla Cia, alla mafia, anche a qualcuno nell'Eni. Pareva che perfino i rapporti con il fedelissimo vice Eugenio Cefis, che prenderà il suo posto, non fossero del tutto sereni negli ultimi mesi. L'espansionismo forsennato di Mattei, quel suo incessante spendere, investire, foraggiare e attaccare inquietavano il più cauto Cefis. Due giorni prima della sciagura di Bascapé il *Financial Times* s'era chiesto *Will signor Mattei have to go?*, il signor Mattei dovrà andarsene?

L'incidente banale dovuto a errore umano non soddisfaceva chi, affastellando questi precedenti e queste circostanze, avrebbe voluto – nella *fiction* cinematografica o televisiva questo avvenne puntualmente – un epilogo misterioso e delittuoso. Se non era stata collocata una bomba sul bireattore, si ipotizzò, poteva essere stato manomesso l'altimetro, o intossicato il pilota. Gli altri elementi che legittimavano l'errore e il disastro – il temporale, le nubi basse, la pessima visibilità – sarebbero sopraggiunti fortuitamente, per volere del destino: ma sommandosi al sabo-

141

taggio. Del quale non si aveva prova alcuna, tutti gli elementi erano in favore della sciagura. Eppure Mattei, si discettò, era morto al momento giusto: per i suoi nemici e forse anche per se stesso. «Un poco come se Mussolini fosse morto dopo la guerra d'Etiopia, alla stessa età in cui morì Mattei, senza poter imbarcarsi nella follia della seconda guerra mondiale.» Un accostamento che parve agli amici di Mattei irriverente, tanto che P. H. Frankel (il biografo di Mattei cui l'accostamento era dovuto), lo soppresse nell'edizione italiana del suo libro.

Impossibile dire cosa Mattei, cosa l'Eni, e cosa l'Italia sarebbero diventati se il Morane Saulnier fosse felicemente atterrato a Linate, quella sera fatale. Si può tuttavia fondatamente supporre che le vicende del Palazzo sarebbero state, con un inquilino come lui, diverse. Mattei era unico, nel bene e nel male. Non lasciò veri eredi né veri successori. Le dinastie dei personaggi di quella fatta cominciano con loro, e con loro finiscono.

CAPITOLO NONO

FANFANI NELLA POLVERE – MONTINI SULL'ALTARE

Per il centrosinistra che muoveva faticosamente i primi passi le elezioni politiche del 28 aprile 1963 furono una prova del fuoco: che venne superata alla meno peggio lasciando in vita la coalizione, ma con ustioni serie per la Dc.

Democristiani e socialisti avevano avuto un compito propagandistico arduo. Dovevano dimostrare di non avere abdicato, con la nuova alleanza, alle rispettive identità. Era necessario convincere l'elettorato moderato che la Dc era ancora la «diga» contro il comunismo, il grande bacino di raccolta dei prudenti e dei benpensanti; e l'elettorato socialista che il Psi non si era «socialdemocratizzato», restava un Partito di sinistra entrato nella maggioranza per far trionfare il suo programma. Dal che derivava la conseguenza paradossale che i due Partiti protagonisti della «svolta» erano costretti a dare alla svolta stessa significati opposti.

Nella campagna elettorale i notabili democristiani andarono predicando che non era in vista nessuna «rivoluzione» economica, che la nazionalizzazione dell'energia elettrica sarebbe rimasta un episodio isolato, che le regioni avrebbero avuto concreta attuazione solo quando fossero state ottenute precise garanzie. A sua volta Nenni spiegava che l'ingresso socialista nella maggioranza aveva dato l'avvio a una serie di riforme incisive, e che la nazionalizzazione elettrica era l'avvio di un processo che avrebbe raggiunto più ambiziosi traguardi. La Dc era incalzata dai liberali, attivissimi in quella fase, e sostenuti da larga parte della stampa.

Un'iniziativa maldestra del Ministro dei Lavori pubblici Fiorentino Sullo, che militava nella Base, creò seri guai al suo Partito. In un progetto di riforma urbanistica era stata prevista la sostituzione del diritto di proprietà sul suolo con un diritto di superficie, meno pieno. L'idea fu quasi subito accantonata, per la sua impopolarità. Ma il giornalista ed esponente liberale Vittorio Zincone ebbe modo e tempo di polemizzare osservando che «il progetto del Ministro dei Lavori pubblici riduce il diritto dei privati ad un temporaneo uso del suolo simile a quello vigente per i loculi nei cimiteri». L'immagine colpì la gente, e l'allarmò.

Papa Giovanni, che era ormai in fin di vita, e che di ben altro doveva preoccuparsi che delle elezioni italiane, fu accusato d'aver portato acqua al mulino comunista con la famosa enciclica *Pacem in terris* dell'11 aprile, e con la non meno famosa distinzione tra l'errore e l'errante «anche quando trattasi di errore o di conoscenza inadeguata della verità in campo morale o religioso... Gli incontri e le intese, nei vari settori dell'ordine temporale, fra credenti e quanti non credono, o credono in modo non adeguato, perché aderiscono ad errori, possono essere occasione per scoprire la verità... Pertanto può verificarsi che un avvicinamento o un incontro di ordine pratico fino a ieri ritenuto non opportuno oggi invece lo sia o lo possa divenire domani». Parole che potevano essere interpretate – in una lettura di politica nazionale – come un avallo al centrosinistra, e che erano indubbiamente comprensive verso il gregge comunista. Gli erranti erano cosa ben diversa dai cosacchi in piazza San Pietro della visione pacelliana.

I socialisti erano a loro volta sottoposti al cannoneggiamento polemico del Pci, che imputava loro il tradimento della classe operaia. Nella tormentata conversione dal Fronte popolare del '48 al centrosinistra del '62 il

Psi si era arreso, insisteva Togliatti, all'egemonia del grande capitale e al gattopardismo temporeggiatore della Dc.

I guai dei due Partiti erano ingigantiti dall'esistenza, nelle loro stesse file, di correnti e gruppi che condividevano il punto di vista degli avversari. Era il caso degli oppositori di Moro – e ancor più di Fanfani – che ritenevano troppo accelerato e avventuroso il corso riformistico della Dc; ed era il caso degli avversari di Nenni che quello stesso corso riformistico lo giudicavano lento e pantofolaio. In sostanza le «politiche» erano diventate un *referendum* pro o contro il centrosinistra: del resto il dilemma – lo si è già visto per l'elezione presidenziale di Segni – s'inseriva ormai in ogni episodio politico importante.

La Dc uscì dalla prova se non con le ossa rotte certo con dei lividi. Le frange conservatrici del suo elettorato s'erano spaventate, ed avevano trasmigrato nelle file liberali. La Dc scese infatti dal 42,4 per cento del '58 al 38,2: parallelamente il Pli raddoppiò, portandosi dal 3,5 al 7 per cento. Il Psi tenne meglio, ma dovette anch'esso cedere qualcosa (dal 14,2 al 13,8). Progredirono i socialdemocratici (dal 4,5 al 6,3) e crollarono i monarchici dissanguati dall'avanzata liberale (dal 4,8 all'1,7). Fermi al loro modestissimo 1,4 i repubblicani e quasi fermi (dal 4,8 al 5,1) i missini.

Ma il dato più significativo fu, parallelamente a quello della flessione democristiana, l'altro della ripresa del Pci, che per la prima volta superò la soglia del 25 per cento (dal 22,7 al 25,3). L'attacco concentrico aveva prodotto i suoi frutti. I comunisti si ritrovarono con 166 seggi alla Camera (contro 140 del '58) e i liberali con 39 seggi contro i precedenti 17. Dopo cinque anni d'una prosperità economica quale l'Italia non aveva mai avuto nella sua storia, vinse la protesta comunista, vinsero le sirene d'allarme dei liberali, e vinse anche la tattica socialdemocratica che univa la volontà d'essere nella maggioranza alla capacità di farsi interprete del malcontento. «Si ha – commentava amaramente Nenni – questa balorda situazione: che il centrosinistra procura voti ai socialdemocratici per ciò che ha fatto, e profitta ai comunisti per ciò che non ha fatto.»

Nel Consiglio nazionale democristiano Moro ammise, una volta tanto in linguaggio comprensibile, che «abbiamo perduto questa battaglia elettorale. I comunisti sono andati avanti dovunque». Il segretario Dc cercò di approfondire – al di là del dilemma centrosinistra sì centrosinistra no – le cause dell'insuccesso. Parlò delle migrazioni imponenti dalle campagne alla città e dal Sud al Nord, che avevano generato una nuova categoria di ex-contadini divenuti operai, ghettizzati nei sobborghi delle metropoli dove la vita era assai più cara che nelle regioni di provenienza, angosciati dalla mancanza di abitazioni. Masse che avevano fino a quel momento votato Dc o monarchia s'erano convertite al comunismo non come ideologia ma come portavoce del loro scontento.

Si dice che, come la vittoria ha molti padri, la sconfitta non ne abbia nessuno. Questa volta i padri furono chiaramente, anche se non con molta equità, individuati, in casa democristiana e in casa socialista. Finirono sul banco degli imputati Fanfani e Nenni. Il primo dovette dare le dimissioni da Presidente del Consiglio, a conferma dell'alternanza d'altare e di polvere che contrassegnò tutta la sua vita politica.

È abbastanza strano, a prima vista, che la pessima prova del Partito fosse addebitata non a chi aveva la responsabilità del Partito stesso, ossia a Moro, ma a chi aveva la guida del Governo. La spiegazione dell'anomalia va cercata nella personalità di Fanfani: tanto dinamico, esibizionista, presenzialista e loquace quanto Moro era reticente. Non che Moro fosse poco loquace, anzi; i suoi discorsi fiume sono rimasti memorabili per la lunghezza, ma anche per la difficoltà d'estrarne una presa di posizione esplicita.

Il centrosinistra neonato aveva avuto in Fanfani il suo Napoleoncino, e in Moro il suo piccolo Talleyrand. Così accadde che Fanfani fosse sacrificato per la Waterloo elettorale, così come nel '58, dopo un'Austerlitz elettorale, era stato in breve tempo liquidato. Vincesse o perdesse, non riusciva a convincere.

Anche per Nenni erano momenti duri. Con giudizio lucido egli aveva scritto a Fanfani, non appena conosciuti i risultati, che loro due erano i vinti: Fanfani «perché la Dc non ti perdonerà il milione di voti perduti». Lui, Nenni, «perché le elezioni hanno messo a serio rischio la prospettiva di un centrosinistra attestato su posizioni più avanzate e meglio garantite». Una sola consolazione per Nenni: Fanfani stava peggio «nel senso che non ci sono verso di me i risentimenti e i rancori che nella Dc assediano Fanfani».

Le dimissioni del Governo furono formalmente presentate il 16 maggio (1963). Segni, che era angosciato dai progressi del Pci, rifletté qualche giorno e il 24 maggio (la coincidenza con l'anniversario della Vittoria fu puramente casuale) affidò l'incarico ad Aldo Moro, rinunciando all'espediente dei mandati esplorativi, che pure gli erano stati suggeriti.

Moro procedette con la circospezione che gli era abituale, un po' confortato dall'esito delle elezioni amministrative siciliane, ai primi di giugno. La Dc era andata piuttosto bene, e i secessionisti milazziani malissimo. A rallentare i negoziati per la soluzione della crisi era intervenuto un avvenimento doloroso benché non imprevisto (si sapeva che Giovanni XXIII era agonizzante): la morte del Papa (3 giugno).

Il 21 giugno 1963 l'Arcivescovo di Milano Giovanni Battista Montini fu eletto Papa dopo un Conclave breve e senza contrasti. Sul nome di Montini si aggregò rapidamente una schiacciante maggioranza di cardinali. I votanti erano stati 80, tra loro 29 italiani. Il nuovo Papa volle chiamarsi Paolo VI rinverdendo le fortune d'un nome che era da molto caduto in disuso. Anche lui, come Angelo Roncalli, s'era voluto distaccare dalla più recente tradizione della Chiesa, e dall'affollamento dei Pii. Particolarmente devoto a San Paolo, l'apostolo delle genti, l'aveva con la sua scelta onorato.

Era, Montini, il terzo d'una successione di Papi venuti dalla Curia e dalla diplomazia, non da un impegno prevalentemente pastorale. Pio XII aveva avuto una formazione e atteggiamenti da Ministro o da Sovrano. La sua fede era profonda, ma anche imperiosa. Angelo Giuseppe Roncalli che il fisico, il temperamento, l'istintiva simpatia umana sembravano designare per compiti pastorali, era stato invece Nunzio apostolico durante gran parte della sua vita. Montini era vissuto e cresciuto nella Curia, e la sua nomina ad Arcivescovo di Milano sembrò ai più una anomalia se non una punizione. Si sentiva che quel soggiorno milanese era transitorio, qualcuno osservò un po' irrispettosamente che Montini vi stette come in area di parcheggio, nell'attesa che finisse il lungo regno pacelliano.

Accomunati da questo dato – l'appartenenza alla struttura centrale e burocratica della Santa Sede – i tre Pontefici erano per tutto il resto diversi come più non sarebbe stato possibile. Le chiavi di Pietro, ch'erano passate da un aristocratico altero a un popolano bonario e insieme risoluto, finirono nelle mani d'un grande borghese macerato, lacerato, pieno di fervore e ossessionato dai dubbi. «Come sta sua eminenza Amleto?» aveva chiesto un giorno Papa Roncalli a un prelato che veniva da Milano. A Pacelli, il Sovrano, o a Roncalli, il Santo Pastore, molti erano disposti a perdonare tutto. A Paolo VI nessuno perdonerà nulla.

Era nato il 26 settembre ... ...ncesio, in provincia di Brescia, ...a una famiglia di cattolici devoti. Il padre, Giorgio, era avvocato e giornalista: aveva aderito al Partito popolare di don Sturzo, divenendone uno dei dirigenti più in vista del Bresciano, e per due legislature aveva occupato un seggio a Montecitorio. I due fratelli del futuro Papa saranno l'uno avvocato (ed esponente della Democrazia cristiana) l'altro medico. Il ragazzo Giovanni Battista, nel quale il fisico esile fino alla gracilità s'accoppiava a un'intelligenza viva e a un'attività intensa, studiò dai gesuiti e a vent'anni entrò in seminario. A ventitré ne uscì ordinato sacerdote, a ventisei fu mandato, come segretario, nella Nunziatura apostolica di Varsavia, a ventisette entrò, con la qualifica di «minutante», nella Segreteria di Stato. Lì rimase per quasi trent'anni, discreto, infaticabile, onnipresente, e presto ammesso alla ristretta cerchia dei prelati che avevano accesso al Segretario di Stato o al Papa. Pacelli esercitò le due funzioni, senza soluzione di continuità. Eppure il docile e sommesso Montini a volte parlava in contrasto con le direttive del Pontefice regnante, e parlava chiaro. Aveva perso ogni illusione sulla diplomazia vaticana già quando seguiva i corsi per la preparazione degli addetti alle Nunziature: «Il corso interno mi irrita come una parodia di cose serie, fatte per autoingannarsi». La Conciliazione non gli era piaciuta. «Quelli che pensano sono tutti, o quasi, pieni di riserve e di malcontento. È confortevole sperare che questa insoddisfazione sarà freno a smodata compromettente letizia e, da parte nostra, indurrà a un certo salutare riserbo.»

Alla sua attività burocratica Montini ne unì un'altra – e questo dimostra di quanta fiducia godesse – che era, nei primi anni del regime fascista, d'estrema delicatezza. Fu assistente della Fuci, l'organizzazione universitaria cattolica, e grazie a quest'incarico conobbe Scelba, Fanfani, Gonella, insomma alcuni tra i notabili della futura Dc.

149

Abbandonò nel 1933 [...]
fu costretto ad abbandonarli, benché [...] presso la Fuci. Anzi
una lettera all'Arcivescovo di Brescia Giacinto Gaggia aveva scritto: «Tempo addietro proposi anche mi si dispen-
sasse dalla segreteria se il bene dell'opera tra gli studenti
sembrasse richiedere dedizione completa»). L'annuncio
del cardinale Pizzardo, assistente generale dell'Azione cattolica, che Montini s'era dimesso, mascherava la realtà.
Troppo zelante, e troppo antifascista, Montini era entrato
in rotta di collisione col Regime e con i Guf, oltre che,
sembra, con i gesuiti. Era parso opportuno defilarlo nelle
penombre vaticane. Durante la guerra l'autorità e le responsabilità di monsignor Montini furono di molto supe-
riori al suo rango ufficiale. Lo si vide accanto a Pio XII allorché questi visitò, il 19 luglio 1943, il quartiere romano
di San Lorenzo bombardato dagli angloamericani. Protesse gli antifascisti braccati – e rifugiati in monasteri e
seminari – durante i mesi bui dell'occupazione tedesca di
Roma: e protesse gli ebrei con il consenso e l'incoraggia-
mento, anche se non ostentati e sbandierati, ma fattivi,
del Papa.

Morto nel '44 il Segretario di Stato cardinale Maglione,
Pio XII non lo rimpiazzò, ripartendone invece le incombenze tra monsignor Tardini (affari straordinari) e monsignor Montini (affari ordinari). Finita la guerra, nata la
prima Repubblica italiana, monsignor Montini si trovò ad
esercitare – per le origini familiari e per la posizione curiale – anche una crescente influenza politica. Lo si sapeva più «progressista» del collega Tardini. Ma questo non
spiaceva, o così parve, a Papa Pacelli, che poteva servirsi
dell'uno o dell'altro secondo la convenienza del momento. Risoluto ad esercitare i suoi poteri tramite docili esecu-
tori senza delegarli, il Papa lasciò vuota fino alla morte la
poltrona del Segretario di Stato anche se, nel 1952, nomi-
no due Prosegretari, i soliti Tardini e Montini. Ai quali, si

disse, era stata offerta la porpora cardinalizia, rifiutata. Questa fu almeno la versione del Papa. «Dando insigne prova di virtù ci hanno chiesto così insistentemente di poter essere dispensati da così altissima dignità che abbiamo creduto di accogliere le loro ripetute suppliche e i loro voti.» Non sembra comunque che occorressero molte suppliche per indurre Pio XII a non creare nuovi cardinali, visto il modo in cui egli lasciò per anni che il Sacro Collegio si anemizzasse, senza rinsanguarlo.

Questo *cursus honorum* montiniano, così stabile e prevedibile, ebbe una brusca svolta nel 1954, quando il Prosegretario fu dirottato a Milano come Arcivescovo: e lo fu senza che all'investitura s'accompagnasse la porpora, com'era nella tradizione. Parve a tutti evidente che il rapporto fiduciario tra Pio XII e Montini si fosse andato incrinando fino alla rottura. Qualcuno per la verità negò che Pio XII avesse promosso Montini per punirlo. Si affacciò l'ipotesi benevola che il Papa, ritenendo Montini il più degno a succedergli, avesse voluto inserire un periodo d'attività pastorale in una «carriera» troppo curiale. Perché allora non gli diede la porpora? Perché, dopo i due Concistori del '46 e del '53 (in quest'ultimo divennero cardinali Siri e Lercaro) Papa Pacelli non celebrò il terzo (e si vociferò che non lo avesse celebrato perché, secondo una credenza superstiziosa, al terzo Concistoro sarebbe seguita la sua morte)? Certo è che Montini, privo della porpora, non fu perciò papabile dopo la fine di Pio XII. Ha raccontato Benny Lai che Siri, cui era stato sussurrato il nome dell'Arcivescovo di Milano come possibile Papa (nulla ostava, dal punto di vista dogmatico) si fosse infuriato, battendo un pugno sul tavolo con tale forza che l'anello pastorale saltò via dall'incastonatura.

L'opinione corrente e malevola – o realistica – è invece che Pio XII avesse allontanato di proposito un Montini troppo «deviante» e troppo influente. In Vaticano – e anche nel Palazzo politico italiano – s'era in effetti andato formando un «partito» montiniano. Esisteva un filo diretto tra Alcide De Gasperi e Montini: lo si constatò, o lo si intuì, nella *querelle* per le amministrative di Roma del 1952. Don Sturzo aveva proposto, e Papa Pacelli caldeggiato, una grande coalizione (includente i missini) contro la minaccia comunista. De Gasperi s'era opposto al «listone», riuscendo a far prevalere il suo punto di vista. È logico presumere che il Prosegretario di Stato condividesse la tesi degasperiana. Nulla di certo è mai trapelato sui riflessi vaticani del contrasto tra Pio XII e De Gasperi. Anche i vaticanisti più informati si son dovuti accontentare d'illazioni o di opinabili confidenze. Paolo VI protestò in ogni occasione la sua piena adesione alla linea pacelliana. Fu apprezzato per questa lealtà postuma, ma non creduto.

Giovanni XXIII riparò con significativa prontezza allo sgarbo ch'era stato fatto a Montini nominandolo cardinale già nel suo primo Concistoro (novembre 1958). Il fedele esecutore di Pio XII fu un fervido collaboratore di Papa Roncalli, anche se nella prima fase del Concilio tenne un atteggiamento piuttosto prudente. Certo ammirato ma nello stesso tempo impaurito per questa iniziativa che squassava l'Universo della Chiesa, e faceva affiorare, e anche deflagrare, problemi che la sottile ma ferrea mano di Pacelli aveva compressi.

Paolo VI affrontò la sua missione di Papa, che sarebbe durata quindici travagliati anni, sentendo gravare su di sé il peso del passato e il peso del futuro. Del passato, perché riceveva in eredità da Pio XII e da Giovanni XXIII due modi diversi d'essere Papa e d'essere credente. Ha osservato Francesco d'Andrea: «Se (Montini) avesse seguito, senza intermediari, Pacelli, ne sarebbe stato con ogni probabilità la copia conforme, forse anche superandolo. Dopo Giovanni XXIII si è trovato a competere con un modello che non avrebbe potuto essergli più estraneo e lontano e che, per altro, lo ha sempre affascinato profondamente. Non aver saputo resistere a questa *magnifica invidia* gli ha certo nuociuto... Si è detto che in lui sono state costrette a coesistere due anime, quella progressista giovannea, quella integralista pacelliana. Due anime che hanno lottato a lungo nel suo intimo, senza mai separarsi completamente». Dal punto di vista comportamentale, non riusciva ad essere né solennemente ieratico come Pio XII, né affabile e popolare come Giovanni XXIII. «Gesti – citiamo ancora d'Andrea – come quello di presentarsi quand'era ancora Arcivescovo della città, al vecchio velodromo Vigorelli di Milano con un berretto da ciclista, o l'altro nell'udienza ai pellirosse in Vaticano in cui si lasciò fotografare con un copricapo da capo indiano, parlano piuttosto di un bisogno di simpatia ricercato con slancio ed inettitudine addirittura patetici.»

Questo Papa istintivamente schivo, amante delle letture, dello studio, del raccoglimento, scelse di viaggiare come nessun altro aveva fatto prima di lui. Questo grande borghese si accanì contro la pompa vaticana, sopprimendo la guardia nobile e la guardia palatina, i camerieri segreti di cappa e spada, i sediari e così via: unica eccezione la guardia svizzera. Questo progressista disse no alla pillola, all'abolizione del celibato obbligatorio per i preti, al divorzio, all'aborto. Questo Pontefice cauto decretò tuttavia la fine della messa in latino e l'introduzione del nuovo messale nelle lingue nazionali. Con lui cardinali e vescovi ebbero un limite di età, dopo il quale andavano in pensione. Gli strascichi dei cardinali furono ridotti da sette a tre metri, e poi aboliti. Ma ancora con lui il dogma dell'Infallibilità Papale fu difeso, e preservato.

Ebbe, all'inizio del suo Pontificato, un impegno che lo assorbì: la conclusione del Concilio. Della seconda fase dell'assemblea – che ne generò poi una terza – riassunse così gli scopi, il 29 settembre 1963: il chiarimento dottrinale e il rinnovamento interiore della Chiesa, la ricomposizione dell'unità dei cristiani, il dialogo con il mondo contemporaneo. Per i «fratelli separati», presenti al Concilio come osservatori, fu largo di aperture. «Se alcuna colpa fosse a noi imputabile per tale separazione – disse – noi ne chiediamo umilmente perdono e domandiamo venia altresì ai fratelli che si sentissero offesi. E siamo pronti, per quanto ci riguarda, a condonare le offese, di cui la Chiesa cattolica è stata oggetto, e a dimenticare il dolore che le è stato recato nella lunga serie di dissensi e separazioni.» Un atto di contrizione con sfumature da atto d'accusa.

Paolo VI seguì e orientò i lavori del Concilio Vaticano II con maggior assiduità di Giovanni XXIII, che pur ne era stato il promotore: forse perché, meno fiducioso e meno sereno di Papa Roncalli, discerneva le crepe che quell'alto dibattito aveva aperto nelle monolitiche certezze della fede.

Il Concilio si chiuse alla fine del 1965, e il 7 dicembre nelle cattedrali di San Pietro a Roma e del Fanàr a Costantinopoli Paolo VI e il Patriarca ortodosso Atenagora I lessero simultaneamente una dichiarazione comune con la quale erano revocate le reciproche scomuniche tra cristiani d'Oriente e d'Occidente: così sanandosi, o almeno rimarginandosi, una ferita aperta novecento anni prima. La Chiesa volle solennemente rappacificarsi anche con il popolo ebraico, e cancellare l'accusa di deicidio con cui era stato bollato. Il documento che sancì questa storica svolta ebbe un *iter* tormentato, e passò attraverso sette diverse redazioni. I padri conciliari (e il Vaticano) subivano le pressioni dei Governi arabi, che vedevano in questa assoluzione un implicito appoggio a Israele, e temevano rappresaglie islamiche contro le comunità cattoliche in Medio Oriente. Per di più una minoranza di partecipanti al Concilio insisteva sulla validità dell'antica maledizione contro il popolo di Giacobbe.

La stesura finale fu meno esplicita e calorosa di quanto molti avessero auspicato. Basta, per rendersene conto, mettere a confronto il testo originario del cardinale Bea, e quello adottato. Aveva scritto Bea: «Benché una gran parte del popolo eletto rimanga ancora lontana da Cristo, ingiustamente verrebbe chiamato popolo maledetto perché rimane a Dio carissimo a motivo dei Padri e per i doni ad esso largiti; ingiustamente anche verrebbe chiamato deicida perché con la sua passione e morte il Signore lavò i peccati di tutti gli uomini, causa della passione e morte di tutto il popolo ebreo Cristo. La morte di Cristo tuttavia non fu voluta da tutto il popolo ebreo e molto meno da quello di oggi». Ecco invece il testo approvato. «Se le autorità ebraiche con i loro seguaci si sono adoperate per la morte di Cristo, tuttavia quanto è stato commesso durante la Passione non può essere imputato indistintamente a tutti gli ebrei allora viventi né agli ebrei del nostro tempo... Se è vero che la Chiesa è il nuovo popolo di Dio, gli ebrei tuttavia non devono essere presentati come rigettati da Dio né come maledetti». Come si noterà mancava il deicidio, con la sua ripulsa. Vi furono, per questa significativa omissione, proteste: ma Bea difese l'operato del Concilio. La sostanza, spiegò, era rimasta immutata.

Queste luci e ombre dei sedici documenti conciliari, queste audacie e queste irresolutezze, erano il prodotto delle lotte di fazione che nel Concilio s'erano scatenate. Ma erano anche lo specchio della personale tormentata indecisione di Papa Montini.

CAPITOLO DECIMO

LA LETTERA NASCOSTA

Si era dunque, nella prima quindicina di giugno del 1963, alle trattative per la formazione d'un Governo di centrosinistra guidato da Aldo Moro che contasse sulla partecipazione diretta della Dc, del Psdi e del Pri, e sull'appoggio esterno dei socialisti. Nenni avvertiva sintomi di rivolta nel suo Partito, ma era certo di poterlo trascinare con sé a patto che reggesse la sua maggioranza. ...nista, alcuni elementi della ...in particolare l'irrequieto Riccardi e ...lombardi, davano palesi segni d'insofferenza. Furono faticosamente ripercorsi, in riunioni tra i socialisti e i democristiani, i punti del programma. Di passaggio si parlò anche d'un ennesimo scandalo che travagliava la vita pubblica, quello delle banane la cui importazione era affidata ad un ente statale dalla gestione molto discutibile (e ben presto abolito). Ma i nodi veri erano i soliti: le regioni, la legge urbanistica, i criteri di politica finanziaria, la scelta degli uomini. Anche quest'ultimo era diventato un tema spinoso, perché la Dc doveva inserire nel futuro Ministero dei moderati che placassero le ansie d'una parte – forse la più cospicua – del suo elettorato, e i socialisti volevano dei fautori senza *arrière-pensées* delle riforme. «Un programma – insisteva Nenni – è un elenco di cose che divengono vive se gli uomini sono vivi, se cioè ci credono. Se Moro si mette attorno gente che alle cose progettate non crede, tutto allora diventerà lettera morta.»

Gli ultimi vertici tra democristiani e socialisti si svolsero nel Centro studi della Dc alla Camilluccia, e lì Nenni pose un caso di coscienza – era il 14 giugno, venerdì – a un inserviente. Non soddisfatto dai tramezzini «di dubbio contenuto» che venivano offerti alle delegazioni, ne chiese uno di pane e salame. L'inserviente esitò, non sapendo se dovesse acconsentire, in una sede così cattolica, a quella trasgressione, ma Silvio Gava lo trasse d'impaccio assicurando che gli ultrasessantenni erano dispensati dall'osservanza del precetto.

Nenni, dopo che Moro ebbe riassunto la situazione, e gli accordi raggiunti, ritenne che l'insieme fosse accettabile, perciò garantendo, da parte del Psi, l'astensione, non un voto favorevole. Un comunicato annunciò che «è stata delineata la base politica e programmatica del nuovo Governo». Sembrava ormai che Moro avesse via libera. Lui forse sì. Ma non l'aveva Nenni che si trovò di fronte a una vera tempesta quando riunì successivamente gli aderenti alla corrente autonomista e al Comitato centrale del Partito perché avallassero l'intesa.

La notte di San Gregorio – dal 16 al 17 giugno – fu per il Psi anche una notte dei lunghi coltelli, durante la quale il Governo Moro fu, sia pure con le più sofisticate motivazioni politiche, pugnalato. Lombardi, che in generale era meglio avere come avversario che come alleato, abbandonò Nenni. Questi registrò sul suo diario (con riferimento alla prima riunione, quella degli autonomisti): «Il gruppo Lombardi non accetta il compromesso concordato nell'incontro della Camilluccia. Lascio da parte il fatto che vi ha tecnicamente collaborato. Ciò che emerge è la divisione della maggioranza (nel Partito – N.d.A.). Lombardi, Giolitti, Codignola, Jacometti e Santi lo hanno detto chiaramente dalla tribuna. Alle cinque del mattino era chiaro che siamo in pieno disaccordo, e quindi battuti e preda ormai della nostra sinistra e di quella esterna... Quando ci siamo separati stanchi anzi esausti, non c'era praticamente altro da fare se non informare Moro che non era possibile assicurargli l'astensione socialista». Il Comitato centrale del Partito prese atto della nuova situazione con quella che Nenni definì una «constatazione notarile» di rottura: «Alla fine di una giornata di lavori il Comitato centrale si è aggiornato a domani pomeriggio 18 giugno dopo una dichiarazione del segretario del Partito intesa a precisare che in seguito a dissensi determinatisi intorno alla valutazione del programma governativo il Comitato centrale non è stato in grado di dare la propria adesione per la formazione del nuovo Governo». Nenni era stato messo in minoranza. Moro non perse tempo. Non appena seppe del rifiuto socialista rinunciò all'incarico.

Segni, che s'illudeva d'aver risolto la crisi, fu così al punto di partenza. Chiese consiglio a Nenni, che forse in quel momento aveva più bisogno di riceverne che di darne. E Nenni fece i nomi di Saragat e di Fanfani. Ma Segni – che aveva pronta la designazione, e fingeva soltanto di consultarsi – tagliò corto: «A Saragat non avevo pensato, ma non c'è da sperare che riesca. Fanfani è impossibile, la Dc non lo accetta. La preclusione della Dc verso i liberali, la decisione di Saragat che non ci sarà Governo senza l'appoggio socialista, l'impossibilità per la Dc di tentare con altri uomini ciò che non è riuscito al suo segretario, rendono impossibile il Governo di centrosinistra. Non c'è quindi altro da fare che un Governo di attesa». Per questo Ministero «balneare» s'imponeva, secondo Segni, la scelta del bonario Presidente della Camera, Leone. Al designato, Segni assicurava che, se avesse fallito, sarebbe stato pronto il decreto di scioglimento del Parlamento, con la convocazione di nuove elezioni.

La mossa del Quirinale era insieme ovvia e astuta. I Partiti – e i parlamentari neo-eletti – furono messi di fronte alla prospettiva d'una seconda faticosa e incerta campagna elettorale. Solo i socialdemocratici e forse i comunisti, confortati dall'esito del 28 aprile, erano disposti ad affrontarla con qualche ottimismo. Dc e Psi la vedevano come un'incognita pericolosa, anche a non voler tener conto degli interessi e delle personali ambasce di chi s'era conquistato un posto a Montecitorio o a Palazzo Madama. I socialisti che avevano negato i loro voti – o almeno le loro astensioni – a Moro, si trovarono a questo punto nella spiacevole necessità di decidere se dovessero bocciare Leone – il che avrebbe portato alle elezioni – o lasciarlo passare, accettando un monocolore democristiano dopo ch'era stato ripudiato un centrosinistra.

Leone fu esplicito. «Faccio il Governo per sentimento del dovere. Non ho in tasca il decreto di scioglimento, ma voi sapete, perché Segni ve lo ha detto, che lo scioglimento sarebbe la conseguenza d'un mio insuccesso. Vorrei non avere i voti dei liberali e di destra: ma per questo mi occorre la vostra astensione.»

Si assistette allora, nel Psi, all'imbarazzato voltafaccia di coloro che avevano rotto la maggioranza nenniana e che affermavano – Lombardi in testa – d'essere stati fraintesi e d'essere vittime d'un «linciaggio morale». La posizione di Lombardi s'era fatta insostenibile perché anche Pertini, sempre alla carica con foga donchisciottesca, questa volta era partito lancia in resta a favore di Nenni. Aveva definito la notte di San Gregorio «un 25 luglio senza ambulanza». Il 21 giugno 1963 – lo stesso giorno dell'elezione di Papa Montini – Leone era Presidente del Consiglio. I socialisti gli concessero l'astensione che lo pose al riparo dall'insidia di voti determinanti dalla Destra.

L'interludio leonino, che durò fino all'inizio di novembre, fu la premessa d'un avvenimento storico: l'ingresso dei socialisti non soltanto nella maggioranza, ma nel Governo. Non si trattava, a rigore, di una prima volta. Nenni e i suoi erano stati parte dei Governi ciellenistici, tra il 1944 e il 1947. Ma quelli di allora erano Governi di emergenza, espressione d'un momento politico anomalo e irripetibile. Era poi venuto il Fronte popolare, con i socialisti vincolati strettamente al Pci, e la Dc con i suoi alleati a far «diga» contro la «minaccia marxista». Vent'anni dopo – o poco meno – il Psi ritrovava i moderati, questa volta per precisa scelta politica.

Il Congresso del Psi cui spettava di decidere se il Partito dovesse o no avere responsabilità di Governo fu celebrato in una Italia tuttora sotto *choc* per la catastrofe del Vajont, nel Bellunese: tanto terrificante nel bilancio dei morti quanto fulminea nel suo svolgimento.

Alle 22.40 del 9 ottobre 1963 dal monte Toc, che dominava un invaso in cui era raccolta l'acqua per l'alimentazione d'una centrale elettrica, si staccò una frana di proporzioni colossali. Come un pugno vibrato in una tazza piena d'acqua, quei milioni di metri cubi di terra piombarono nel lago artificiale. La diga che sbarrava il torrente Vajont e imbrigliava il lago tenne: ma l'acqua s'impennò sopra lo sbarramento, lo scavalcò, e s'abbatté sul sottostante abitato di Longarone. Fu come se un maglio fosse andato a schiacciare il paese: con i suoi abitanti, le sue case, le sue botteghe, tutto. La divisione tra ciò che era stato distrutto e ciò che era stato risparmiato appariva netta, il taglio d'un bisturi. Furono contati quasi duemila morti a Longarone, circa duecento a Erto e Casso, due paesini issati sul monte Toc e investiti dall'ondata di riflusso.

L'Italia pianse i morti e, come sempre in queste luttuose circostanze, si abbandonò all'acre piacere delle polemiche che si trascinarono per anni: prima per le responsabilità della catastrofe e per l'omissione di misure di sicurezza dopo ch'erano stati segnalati smottamenti (sarebbe stato prudente procedere al graduale svuotamento del lago); poi per le speculazioni che, com'è ormai regola, sulla ricostruzione s'innestarono. Ci furono molti vivi che s'arricchirono sui morti.

Quindici giorni giusti dopo la strage di Longarone, il 24 ottobre, si aprì il Congresso socialista che durò fino al 30 ottobre, e si concluse con la vittoria di Nenni. Non fu una vittoria a mani basse, e nemmeno una vittoria senza ombre (lo si vide a breve scadenza). Ma la dirigenza del Psi ebbe l'autorizzazione a partecipare, direttamente e impegnativamente, a un Governo «borghese». La mozione di Nenni raccolse il 57,42 per cento dei voti. Il 39,29 andò alla sinistra, il 2,18 a una mozione di Pertini che propugnava lo scioglimento delle correnti e l'unità interna.

La maggioranza nenniana non era compatta. «C'è stato un tira e molla del diavolo – scrisse lo stesso Nenni – per assicurare ai lombardiani una equa rappresentanza nel nuovo Comitato centrale. Scottata dalla notte dei lunghi coltelli (quella di San Gregorio – *N.d.A.*) la maggioranza non voleva saperne. Ma cadere nel settarismo è sempre un errore.» A sua volta la sinistra raccoglieva elementi disparati, e ideologicamente addirittura opposti. Basso, Foa, Libertini erano dei libertari antistalinisti che si rifacevano a Trockij o a Lenin; Vecchietti, Valori, Vincenzo Gatto erano invece filocomunisti nel senso più ortodosso dell'espressione, e in sostanza filosovietici.

Il *placet* socialista apriva la strada a un centrosinistra finalmente organico. Nenni sapeva che la Dc non era disposta a concedere più che tanto, in tema di riforme. Ma a lui stava a cuore la formula, in quel momento, assai più che il programma. Dimessosi Leone ai primi di novembre, Moro riebbe l'incarico cui era stato costretto a rinunciare per lasciar posto al Governo balneare.

Il negoziato fu laborioso, per l'insistenza dei socialisti nell'esigere – sulle regioni, sulle leggi urbanistiche e su altro ancora – un impegno ad accelerare i tempi, e per le resistenze della Dc, che non poteva sfidare né il desiderio di stabilità della potente corrente dorotea né i segnali che con molta chiarezza le erano giunti dal suo elettorato.

L'assassinio a Dallas del Presidente Kennedy, con i suoi riverberi politici e psicologici, diede forse un impulso al raggiungimento dell'accordo: che fu sancito l'indomani, 23 novembre. Le delegazioni dei quattro partiti del centrosinistra seppero della tragedia che atterriva l'America mentre stavano discutendo della Federconsorzi, e del suo assetto. «Anche la nostra crisi ministeriale, piccola cosa rispetto al deprecato evento, prende proporzioni diverse» annotò quella sera Nenni, che era politico fino al midollo, ma era anche un uomo sensibile.

Fatta l'alleanza, ci volle un'altra decina di giorni perché si riuscisse a compilare la lista dei Ministri; e vi fu il rischio che tutto andasse all'aria perché le correnti dc avanzavano pretese irrealizzabili sulla spartizione dei sottosegretariati (che dovevano essere 38 e furono 42, ancora pochi rispetto alle infornate degli anni successivi). Nenni fu vicepresidente del Consiglio, Saragat Ministro degli Esteri, il repubblicano Reale Ministro della Giustizia. Questi gli incarichi più rappresentativi dal punto di vista dell'alleanza. Per il resto la Dc presentò uno schieramento ministeriale che rispecchiava la natura composita del Partito, con la sola eccezione della destra (Scelba, Pella) e dello sdegnoso Fanfani appartato nel suo personale Aventino. Andreotti occupò, anzi rioccupò la Difesa, Taviani fu agli Interni, Emilio Colombo al Tesoro. Venne imbarcato in segno di rispetto l'anziano Attilio Piccioni, Ministro senza portafoglio per i rapporti con il Parlamento. Tra i socialisti Giolitti ebbe il Bilancio (l'avevano offerto a Fanfani e a Riccardo Lombardi, dai quali erano venuti due no, poi si era parlato di La Malfa); il socialdemocratico Tremelloni ebbe le Finanze.

Il cammino del primo Governo con i socialisti dopo quelli ciellenistici del '44-47 fu subito accidentato. La sinistra socialista meditava la scissione. Intuendolo, Nenni aveva inviato a Foa, segretario dei metalmeccanici e figura di primo piano della Cgil, una lettera con questo passaggio: «Vorrei dirti di non cedere, tu e i tuoi compagni, né all'impazienza, né alla irritazione, né all'orgoglio. Non c'è che una cosa da fare: affidarci al tempo (un tempo che sarà breve) perché i fatti dicano chi ha torto e chi ha ragione». Ma erano parole al vento. Nel voto sulla fiducia Lelio Basso annunciò, a nome della sinistra socialista, che venticinque deputati si sarebbero sottratti alla disciplina di Partito e, uscendo dall'aula, avrebbero attestato la diversità della loro posizione.

Era la premessa della nascita d'un terzo partito socialista, il Psiup (Partito socialista italiano di unità proletaria): che dimostrò, organizzando una prima manifestazione a Roma, di disporre d'ingenti mezzi finanziari. La stretta parentela – nell'ideologia e negli obbiettivi – tra i «carristi» della sinistra socialista e il Pci può far supporre che i finanziamenti arrivassero dalle casse comuniste o da quelle dell'ambasciata sovietica. Altri – ad esempio Giorgio Galli la cui dietrologia è solitamente diretta contro la Dc – suppone invece, sulla falsariga d'un *cui prodest?* non del tutto convincente, che i democristiani avessero incoraggiato le defezioni. L'Eni e i potentati elettrici avrebbero a loro volta largheggiato in impegni e promesse per favorire la scissione che «avvantaggia la Dc nella misura in cui riduce considerevolmente il peso elettorale, e quindi politico e contrattuale, del Psi». Il Psi perdeva così circa il venti per cento della sua rappresentanza parlamentare e (lo si vide presto) una fetta analoga del suo elettorato.

Ammesso e non concesso che la Dc abbia fomentato questa rivolta in casa altrui, è sicuro invece che si adoperò – ci riferiamo a Moro e alla sua segreteria – per spegnere i molesti fuochi di ribellione dai quali era disturbata in casa propria. Scelba, Pella e una trentina di loro amici avevano dichiarato di non voler votare a favore del Governo, e di voler uscire da Montecitorio durante il dibattito sulla

163

fiducia. Intervenne con un editoriale perentorio, per riportare le pecorelle smarrite all'ovile, *L'Osservatore Romano*: verosimilmente ispirato da Papa Montini, già chiamato a far sentire la sua influenza sulle cose italiane. Il Partito cattolico, ammonì il quotidiano vaticano, doveva rimanere unito. Scelba e Pella fecero marcia indietro, e il Governo cominciò a lavorare.

Moro e Nenni si vedevano poco – tranne che nelle riunioni prefissate – non per cattiva volontà o per reciproco malanimo, ma per la diversa organizzazione della loro giornata. Di buon mattino Nenni era già a Palazzo Chigi e ne usciva poco dopo mezzogiorno, per la colazione. Moro arrivava press'a poco a quell'ora, restava fino alle tre o alle quattro del pomeriggio, poi usciva per concedersi una pausa (sovente dedicata al cinematografo). Nel frattempo Nenni tornava. Alle otto di sera se ne andava, e allora riappariva Moro. Con questi due nocchieri non comunicanti il Governo si trascinò, tra fermenti sociali e inquietudini interne dei Partiti, fino al 25 giugno 1964, quando fu messo in minoranza alla Camera su una questione minore: l'approvazione del paragrafo 88 che, nel bilancio della Pubblica istruzione, assegnava maggiori fondi alla scuola privata.

Era un'occasione per resuscitare antiche polemiche sulla laicità dello Stato e sugli espedienti con cui la Dc, partito confessionale, cercava di privilegiare gli istituti religiosi. Il Ministro della Pubblica istruzione, che era il democristiano Gui, sosteneva che l'incremento (149 milioni) delle somme destinate alla scuola privata era un fatto automatico, derivante dagli aumenti delle retribuzioni agli insegnanti. I «laici» ribattevano che con quella misura era stato violato il principio della separazione tra Stato e Chiesa. Nel voto decisivo – Moro, stranamente, non pose la questione di fiducia – la Dc restò sola: 228 voti contrari e 221 a favore. L'indomani Moro si dimise.

Quest'epilogo era scontato, e la *querelle* sulla scuola aveva l'aria d'un pretesto. Nella Dc – dove Moro aveva ceduto la carica di segretario al doroteo veneto Mariano Rumor, morbido per temperamento e mediatore per vocazione – s'erano alzate da tempo autorevoli voci dissidenti, prima tra tutte quella di Amintore Fanfani. Detronizzato sotto l'accusa d'eccessivo centrosinistrismo, Fanfani proclamava adesso che il centrosinistra non era irreversibile, così prospettando chiaramente la sua candidatura a una formula diversa. Ma la causa più profonda della rottura va cercata nella crisi economica che, dopo un lungo e splendido periodo di *boom,* stava investendo l'Italia: e che divenne un detonatore politico quando fu resa pubblica una lettera del Ministro Colombo che sottolineava i contrasti esistenti nel Governo, dove un «partito» dell'austerità e dell'ortodossia antiinflazionistica – che aveva i suoi capifila nello stesso Colombo e nel governatore della Banca d'Italia Guido Carli – si scontrava con un partito keynesiano, preoccupato soprattutto d'evitare fenomeni di recessione, che si riconosceva nella spinta riformistica socialista. Colombo, che non nascondeva la sua apprensione per il degrado dell'economia, chiesta udienza a Segni il 14 maggio, l'indomani aveva inviato a Moro una lettera in cui ammoniva sulla gravità della situazione, e chiedeva fosse dato corso alle contromisure severe che erano nelle intenzioni del Ministero del Tesoro e della Banca d'Italia.

Ricorrendo alla sua collaudata tecnica dilatoria, Moro aveva messo la lettera in un cassetto, fingendo di scordarsene. Ma non se n'era scordato Colombo. Il 27 maggio (1964) parte del contenuto della lettera fu pubblicato con grande rilievo dal *Messaggero*. La fuga era stata certamente voluta, e fu attribuita a uno dei più stretti collaboratori del Ministro, Ferdinando Ventriglia.

Sul comportamento del Ministro, e del suo *entourage*, i pareri furono divisi. I più benevoli l'attribuirono ad una non immotivata preoccupazione per la sorte della lira, e all'irritazione per l'attendismo di Moro: i meno benevoli (come Nenni) dissero che «ciò che sostiene Colombo può essere difendibile o può non esserlo» ma «il metodo è quello di chi intenzionalmente colloca un petardo sotto i piedi del Ministero di cui fa parte». Il caso Colombo fu liquidato dai *leaders* dei quattro partiti alleati con una nota che ribadiva l'accordo programmatico. Questa conferma cartacea della vitalità del Governo fu diramata il 4 giugno. Venti giorni dopo il Governo era morto.

L'economia italiana aveva, in effetti, rallentato il suo passo. Non era una recessione di dimensioni drammatiche, ma era una battuta d'arresto in un Paese che s'era andato abituando alla prosperità e, come poi si prese a scrivere, al consumismo. Nelle città del Nord una famiglia su tre aveva l'automobile, una famiglia su due aveva il televisore, i contadini inurbati assaporavano i piaceri e maceravano i dolori della condizione operaia, ma tutto questo stava avvenendo nel disordine amministrativo e nell'imprevidenza.

Carli, dal suo ufficio di governatore della Banca d'Italia, premeva per iniziative deflazionistiche, scontrandosi con la riluttanza del Ministro del Bilancio, il socialista Antonio Giolitti, e con le perplessità un po' ingenue del vice-presidente del Consiglio Nenni. La nazionalizzazione dell'energia elettrica e l'ingresso del Psi nel Governo, che alla classe imprenditoriale e ai potentati finanziari privati erano parsi le premesse d'un corso «dirigistico» dell'economia, avevano provocato una massiccia fuga di capitali all'estero e sensibili perdite delle quotazioni borsistiche. Ma c'era dell'altro. Nel suo diario Nenni andava via via registrando – siamo nella fase che precedette l'*affaire* della lettera di Colombo e la caduta del Governo – i segni di peggioramento.

«La tesoreria è a secco – scriveva il 7 gennaio 1964 –, le aziende di Stato o a partecipazione statale sono indebitate fino al collo. Le aziende private non stanno meglio. Secondo Carli, se non si adottano misure finanziarie spietate tutto il sistema monetario è destinato a saltare entro sei mesi. Queste le condizioni in cui noi socialisti arriviamo al Governo.» Il 13 gennaio: «Per sei mesi, forse per un anno, bisognerebbe poter resistere a ogni nuova spesa, mentre ci sono esigenze in senso contrario e rivendicazioni da soddisfare». Il 14 febbraio: «Nuovi sintomi allarmanti. Si prevede che in estate cento, centocinquantamila muratori rientreranno dalla Svizzera per mancanza di lavoro. Donat Cattin mi dice che in poche settimane a Torino gli operai iscritti alla cassa integrazione sono passati da poche centinaia a sedicimila... C'è chi parla di ritorno ai campi». 13 marzo: «Con un provvedimento provocatorio la Fiat annuncia la riduzione delle ore di lavoro da 48 a 44». L'Eni era in difficoltà e Cefis progettava di tagliare i rami secchi, tra essi *Il Giorno*. «C'è stata la scorsa settimana – sempre Nenni, l'8 aprile – una nuova offerta di Rizzoli (sette miliardi). Ma vorrebbe stampare il giornale nei suoi stabilimenti, forse per sopprimerlo dopo l'uscita di *Oggi*. L'Eni offre la comproprietà del *Giorno* e di *Oggi* con la gestione affidata a Rizzoli. Non se ne farà niente.»

Le misure che Carli e Colombo vararono, mentre gli Stati Uniti concedevano un prestito d'oltre un miliardo di dollari, appartenevano all'ortodossia economica: vale a dire che piacevano ai dorotei ma non piacevano ai socialisti. Fu innalzato il tasso d'interesse, aumentato il prezzo della benzina, imposta una soprattassa sull'acquisto di automobili e limitato il ricorso alla rateizzazione. Il mercato immobiliare ebbe un crollo. Vi fu una perdita secca di occupazione e un quasi totale arresto dell'afflusso di mano d'opera dall'agricoltura all'industria.

Questo fu il quadro nel quale s'inserì la disputa tra le

due scuole di pensiero economico (Carli e Colombo da una parte, Giolitti dall'altra) e in cui sopravvenne l'incidente dei fondi per la scuola privata. Il declino dell'economia fu per la verità abbastanza breve. Già nel 1965 il momento difficile poteva dirsi superato. In quegli stessi mesi tuttavia la crisi politica andò acquistando connotazioni ambigue e inquietanti. L'estate del 1964 fu meno violenta di quella del 1960 (Tambroni) ma sotterraneamente non meno «calda». Un'estate di mormorazioni e di sospetti.

CAPITOLO UNDICESIMO

IL BIMESTRE NERO

Il dimissionario Moro fu incaricato da Segni, il 3 luglio 1964, di formare il nuovo Governo. Era, o sembrava, prostrato dalla fatica di Sisifo che ogni Presidente del Consiglio italiano ha dovuto affrontare; e che era tanto più scoraggiante quanto più alte apparivano le probabilità che il Ministero in gestazione fosse una copia conforme di quello testé defunto.

Se Moro era stanco, il Presidente della Repubblica oscillava tra scatti di decisionismo e momenti di profondo abbattimento fisico e mentale. Si diceva che avesse perduto il sonno e l'appetito. «Mangia poco, dorme poco, pensa sempre da solo» aveva confidato il figlio Celestino. Era convinto, Segni, che l'Italia si avviasse verso lo sfascio per gli scandali, riguardanti l'amministrazione, che affioravano nelle cronache giudiziarie. Felice Ippolito, presidente del Comitato nazionale dell'energia nucleare, era stato posto sotto processo per accuse – dimostratesi poi infondate – di sperpero del denaro pubblico; un ispettore delle dogane di Terni, Cesare Mastrella, era stato incriminato per aver sottratto un miliardo alle casse del suo ufficio, pur ispezionato regolarmente da due alti funzionari.

Il fatto è che a Segni il centrosinistra non andava a genio. Vedeva in esso la causa dell'improvviso appannarsi del «miracolo» italiano. Nenni, ricevuto dal Capo dello Stato proprio quel 3 luglio, s'era sentito apostrofare con queste parole: «È necessario che lo comprendiate: il Paese non tollera la vostra presenza al Governo. Avete contro di voi tutte le forze economiche italiane. Non vi ostinate. L'u-

169

nico contributo che potreste dare alla soluzione di questa crisi è il rifiuto di costituire una nuova edizione del centrosinistra».

Nenni aveva replicato che un Partito come il Psi non poteva rinunciare a una politica che gli era costata la scissione, solo perché il Presidente della Repubblica non era d'accordo. «Va bene, non posso costringervi – aveva concluso Segni – ma badate che se trasformate in legge il progetto urbanistico di Fiorentino Sullo e Riccardo Lombardi io mi rifiuterò di firmarlo e lo rimanderò alle Camere.»

Per Moro, il problema era quello di mettere la sordina ai propositi socialisti di riforme incisive e traumatiche, e insieme quello d'evitare che il filo ancora sottile con cui il Psi era stato agganciato alle responsabilità del potere, e sottratto alle sirene comuniste, fosse d'un tratto vanificato. Segni voleva essere minutamente informato sullo svolgimento della trattativa: «Riferirò nelle fasi salienti al Capo dello Stato» aveva precisato Moro. E così si arrivò al 14 luglio.

A Villa Madama, dove le delegazioni erano riunite, le posizioni dei possibili alleati risultarono inconciliabili, la Dc contro tutti gli altri su alcuni punti che, in prospettiva, possono apparire minori, ma che allora erano dirompenti: la legge urbanistica, la scuola, l'allargamento del centrosinistra alle amministrazioni locali. L'indomani i cocci furono faticosamente rincollati, e il 17 luglio l'accordo era fatto. Nel Psi, pur già amputato della sua ala «carrista», vi furono malumori vivaci. Giolitti lasciò il Ministero del Bilancio al più malleabile Giovanni Pieraccini, e Riccardo Lombardi rinunciò alla direzione dell'*Avanti*!, congedandosi con un editoriale polemico. I frondisti sostenevano che Nenni aveva impegnato il Psi in un centrosinistra senza più carica vitale, senza iniziative, asservito all'attendismo democristiano, e all'azione frenante di Segni. Cui tuttavia Moro rivolse, presentando alla Camera (31 luglio) il suo Governo, ampi elogi per la «saggezza», l'«imparzialità» e l'«assoluta correttezza costituzionale». Giudizio che assume particolare rilievo in rapporto alle voci, di cui parleremo, d'un conato autoritario ispirato dal Presidente.

Antonio Segni non ebbe modo di convalidare con i fatti, nei successivi anni del suo settennato, gli apprezzamenti che da Moro – ma anche da tanti altri – gli erano venuti per il modo in cui aveva amministrato la crisi estiva. Il 7 agosto, nel tardo pomeriggio, fu colpito da una trombosi cerebrale. Era nel suo ufficio al Quirinale, e si apprestava a congedare Moro e Saragat, rispettivamente Presidente del Consiglio e Ministro degli Esteri, che avevano discusso con lui alcune importanti nomine diplomatiche. La conversazione, a quanto risulta, non era stata serena. Saragat aveva un caratterino non facile, per non dire un caratteraccio: e Segni, ostinato, s'era andato incupendo negli ultimi mesi. Le dicerie di corridoio, mai confermate dai protagonisti dei fatti, riferirono di una discussione animata fino ai limiti dell'alterco tra il Capo dello Stato e il Ministro degli Esteri. La collera di Segni poté contribuire all'incidente circolatorio che comunque covava, secondo le testimonianze, da qualche tempo. A più d'un visitatore il Presidente della Repubblica era sembrato confuso, impressionabile, a volte farneticante. «La verità – disse un giorno Saragat a Gorresio – è che per alcuni mesi noi abbiamo avuto un Capo dello Stato non nel pieno possesso delle sue facoltà.» Fatto sta che, mentre parlava con Saragat e Moro, Segni a un certo punto aveva avuto difficoltà ad esprimersi «come se avesse una caramella in bocca». S'accasciò sul suo scrittoio, mentre i suoi due interlocutori si precipitavano a sorreggerlo, e alcuni valletti, allarmati da grida invocanti soccorso, spalancavano la porta e accorrevano. Gli stessi valletti, interrogati più tardi da Gorresio, dichiararono d'avere udito, dall'anticamera, «parole e accenti concitati» che non riguardavano soltanto il movimento diplomatico. «Anche minacce di Alta Corte di Giustizia, ma non si capiva fatte da chi contro chi.» Il che diede parvenza di credibilità alle mormorazioni secondo le quali Saragat, infuriato, aveva rinfacciato a Segni talune iniziative del luglio caldo.

I primi esami medici confermarono ciò ch'era parso evidente fin dal primo momento anche ai profani: ossia la gravità della malattia. Segni era immobilizzato e quasi incosciente. Un guaio che proprio non ci voleva per Moro, che aveva appena superato, oltre alla crisi politica, una crisi miocardica, e per Nenni che era al limite dell'esaurimento. Quanto a Saragat, quella sera stessa, in Consiglio dei Ministri, ebbe anche lui un collasso, per fortuna passeggero. Fu ricostruita l'attività di Segni nelle ore che avevano preceduto l'«incidente». Aveva visto Moro già in mattinata, e s'era lagnato acrimoniosamente con lui per il tono d'un articolo di Nenni sull'*Avanti!* «Volevano il Governo della Confindustria» era il titolo del «fondo», con evidente allusione a Segni. Moro aveva interceduto presso Nenni, che da brav'uomo qual era s'era rassegnato a scrivere un altro articolo, conciliativo, apparso sul quotidiano socialista quando già il Capo dello Stato non era più in grado di leggerlo.

La Costituzione italiana stabilisce che in caso d'impedimento del Presidente della Repubblica si provvede, ove l'impedimento sia temporaneo, ad una supplenza esercitata dal Presidente del Senato. Se l'impedimento è permanente, si elegge un nuovo Presidente. Merzagora, che era a Barcellona, rientrò d'urgenza per esercitare i poteri di Capo dello Stato interinale, nell'attesa d'un responso definitivo sulle condizioni di Segni. Che diedero origine, per impietoso che fosse, ad uno scontro politico.

Le sinistre, che di Segni avevano sperimentato l'ostilità, esigevano che lo si dichiarasse decaduto dalla carica. Le destre reagivano con qualche goffaggine, pretendendo che Segni era migliorato a tal punto da lasciar presagire un recupero quasi totale. «Le cure ed il riposo gli hanno consentito di riacquistare quel colorito roseo che da anni lo aveva abbandonato» scriveva *Il Tempo*, pur ammettendo che il lato destro della persona era sempre paralizzato, e l'afasia pronunciata. «Il Presidente – concludeva il quotidiano, e si era ormai ad autunno inoltrato – ha l'uso delle sue facoltà, facendogli difetto soltanto la possibilità di esprimersi verbalmente, mentre può ormai apporre la firma su qualsiasi documento scrivendo con la mano sinistra, grazie anche ad una particolare abitudine che ha avuto fin dai tempi della gioventù.»

Moro pose termine all'incertezza facendosi ricevere dall'infermo il 2 dicembre 1964, e subito dopo sollecitando un parere dei medici curanti, i professori Vittorio Challiol, Mario Fontana e Giuseppe Giunchi: i quali non consentirono tuttavia a dare un responso categorico. Si rimisero ai loro precedenti bollettini. Quella era la situazione. Di più non potevano dire. Il che fu ritenuto sufficiente perché il Governo, d'intesa con Merzagora e con il Presidente della Camera Bucciarelli Ducci, sottoponesse alla firma di Segni – che usò, è ovvio, la mano sinistra – questo documento in data 6 dicembre: «In considerazione delle mie condizioni di salute per la grave malattia sofferta che mi toglie, per lungo periodo di tempo, la possibilità di esercitare le mie funzioni, ho maturato, sentito il parere dei medici curanti, l'irrevocabile decisione di dimettermi dalla carica di Presidente della Repubblica». L'inabilità del Capo dello Stato era durata quattro mesi. Fu stabilito che il 16 dicembre si procedesse all'elezione del Presidente della Repubblica, il quinto.

Tra le crisi di Governo che avevano punteggiato l'inizio dell'estate (1964) e le dimissioni di Segni ad autunno inoltrato vi fu nella vita pubblica italiana un momento convulso e carico d'ombre che ebbe a protagonista un terzo Giovanni: il generale De Lorenzo, al tempo comandante dell'Arma dei carabinieri.

L'ipotesi d'un colpo di Stato che poteva essere e non fu, e che sarebbe stato tramato con la protezione del Quirinale, emerse con grande clamore due anni e mezzo dopo i fatti, con una serie d'interrogazioni parlamentari riguardanti le «deviazioni» del Sifar, ossia dei servizi di sicurezza italiani: e acquistò concretezza – almeno giornalistica – con una inchiesta del settimanale *l'Espresso,* diretto da Eugenio Scalfari, il cui primo articolo, dovuto a Lino Jannuzzi (14 maggio 1967) aveva un titolo perentorio: «Segni e De Lorenzo. Complotto al Quirinale». Secondo il modo in cui la si considera, la vicenda del *golpe* può rientrare o no nell'ambito del decennio cui è dedicato questo volume. S'e deciso, per motivi di razionalità, e per rispettare l'ordine cronologico degli avvenimenti, piuttosto che dei loro strascichi, di inserirla in queste pagine.

Abbiamo visto che Segni era preoccupato fino all'ossessione, in luglio, per gli sviluppi della crisi politica. Alle consultazioni protocollari egli aveva alternato, in quello che fu poi definito «il bimestre nero», colloqui con i capi militari. Il 14 luglio aveva interpellato il capo di stato maggiore della Difesa, generale Aldo Rossi: «Rossi, lei ha il suo Sifar: che sensazione avete, voi, sulla situazione interna e sull'ordine pubblico? C'è qualcosa in giro che lei sappia?». Rossi aveva risposto rassicurando il Capo dello Stato: e aggiungendo che comunque il comandante dell'Arma dei carabinieri poteva essere più preciso.

Il 15 luglio fu appunto il turno di De Lorenzo, che del resto al Quirinale «andava spessissimo». Inconsuetamente, di quel colloquio fu data notizia in un comunicato che venne diffuso dalla stampa e dalla Rai. L'incontro, e il rilievo che aveva avuto, suscitarono un certo scalpore. «Fece un'impressione gravissima – ebbe poi ad affermare Ferruccio Parri –, correvano voci di provvedimenti straordinari presi in quell'occasione. Quando fui richiamato per le consultazioni, trovai il Presidente in uno stato di turbamento profondo. Era evidente che vi erano per lui delle cose che dovevano essere evitate ad ogni costo.» Sebbene, a quanto risulta, De Lorenzo avesse detto a Segni che «la situazione è controllata e controllabile senza fare nulla, senza fare piani».

Non persuaso, Segni telefonò al capo di stato maggiore dell'Esercito, generale Aloia, che gli disse di non avere motivi d'inquietudine: e si affrettò a ragguagliare Andreotti, Ministro della Difesa, sulla curiosa iniziativa del Quirinale. Andreotti chiese ad Aloia se sapesse chi allarmava il Capo dello Stato, e il generale rispose sibillino: «Lei se lo può immaginare». A sua volta De Lorenzo telefonò ad Andreotti. Spiegò che Segni «lo aveva convocato per conoscere se in caso di elezioni anticipate si sarebbe avuta tranquillità e se non sarebbero stati possibili colpi di mano di qualsiasi genere». Questi, ridotti all'essenziale, i fatti evidenti e certi. Che debbono essere ricondotti, perché risultino comprensibili i loro sviluppi, alla personalità e alla figura di De Lorenzo, e ai veleni di rivalità, invidie, maldicenze che anche allora – come in ogni momento cruciale della vita italiana – inquinavano le Forze Armate.

Nato nel 1907 a Vizzini in Sicilia, De Lorenzo era figlio d'un ufficiale di carriera che per motivi di servizio si trasferì a Genova quando Giovanni era bambino. A Genova De Lorenzo compì i suoi studi, e si laureò con votazione lusinghiera in ingegneria navale. Anche se il suo monocolo, le sue uniformi troppo curate e un po' fuori ordinanza, i baffetti, il labbro borbonico gli davano un'aria spagnolesca se non sudamericana, De Lorenzo era per cultura e ambiente un ligure. Il figlio unico divenne anch'egli ufficiale, ma in cavalleria, non in artiglieria come il padre. Giovanni De Lorenzo fu, il giudizio è unanime, un eccellente ufficiale. Durante la seconda guerra mondiale era stato mandato in Russia, con l'Armir, ricoprendo l'incarico di vicecapo dell'ufficio operazioni (era tenente colonnello). Sopravvenuta la catastrofe dell'8 settembre 1943 si fece partigiano: prima in montagna, poi a Roma nella clandestinità. «Non sbagliava una mossa» osservò qualcuno. Sei mesi dopo l'elezione di Gronchi al Quirinale ebbe il comando del Sifar e ne fece, con l'assenso del Capo dello Stato, un importante strumento di potere. Era intelligente, autoritario, spregiudicato, vendicativo. «Io voglio intorno a me non dei Soloni, ma dei piantoni» disse una volta a un subalterno. Correva voce che avesse ordinato d'intercettare le telefonate dei suoi dipendenti.

Nel «regime» gronchiano De Lorenzo si trovò completamente a suo agio. Assecondava le pretese del Presidente, intratteneva ottimi rapporti con tutti i partiti e con Enrico Mattei, era onnipresente, suadente, mondano, ma all'occorrenza spietato. Il suo *hobby* erano i *dossiers*: ne voleva su tutto e su tutti, compreso il Papa. S'era cominciato con duemila fascicoli personali, divenuti 17 mila nel 1960 e 117 mila due anni dopo. Politici, sindacalisti, uomini di cultura, giornalisti, militari, perfino 4500 ecclesiastici avevano il loro posto o posticino negli scaffali del Sifar.

Promosso generale di divisione, De Lorenzo avrebbe dovuto, a norma di regolamenti, lasciare il Sifar. Fu tuttavia inventata per lui una di quelle leggine *ad personam* che s'adattano a un solo cittadino, come un vestito su misura, e che servono a turlupinare le vere leggi. In base ad essa non solo De Lorenzo poteva restare al Sifar, ma quel comando gli sarebbe stato accreditato, ai fini della carriera, come il comando d'una grande unità. All'ambizioso con monocolo veniva così evitata la noia d'un servizio decentrato e poco politico. Grazie a quest'inghippo De Lorenzo poté tranquillamente passare, nel 1962, al comando dell'Arma dei carabinieri, senza peraltro rinunciare al suo patronato sul Sifar, dove aveva collocato un uomo di fiducia. Continuava a disporre dei *dossiers*, e in più aveva uomini, armi, e una possibilità capillare di intervento.

Segni non era Gronchi. Rifuggiva dai meschini intrighi del suo predecessore. La sua vulnerabilità alle suggestioni di De Lorenzo era d'altro genere. Segni temeva insidie per l'Italia e per la sua democrazia. Aveva per le Forze Armate una patriottica, sincera simpatia: alla sfilata militare del 2 giugno 1964 lo si era visto piangere commosso, durante il passaggio della brigata meccanizzata dei carabinieri, una unità di nuova istituzione: nata in concomitanza con il centocinquantesimo anniversario della fondazione dell'Arma. Le apprensioni di Segni furono utili a De Lorenzo quanto le disinvolture di Gronchi. Tutto serviva per accrescere la sua potenza, che non andava a genio ad altri generali a tre o a quattro stelle. Quando (si era ormai nel dicembre del 1965) De Lorenzo fu nominato capo di stato maggiore dell'Esercito un suo collega, Paolo Gaspari, che comandava la Regione militare Sud, si dimise con una lettera sdegnata. Corsero pettegolezzi, echeggiati dalla stampa di sinistra, sul corredo di nozze della figlia del generale Aloia, e si mormorò che provenissero dall'inesauribile magazzino potenzialmente ricattatorio del Sifar (Aloia si difese bene, e ne uscì pulito). Eppure, proprio nell'occasione della sua promozione di fine '65, De Lorenzo avrà l'appoggio di Aldo Moro e la fiducia di altri *leaders* politici. Annotava Nenni sul suo diario (23 dicembre): «Andreotti è venuto da me ieri sera per le nomine dei supremi comandi militari... Non si oppone alla nomina del comandante dell'Arma dei carabinieri De Lorenzo (alla carica di capo di stato maggiore dell'Esercito – *N.d.A.*), anzi lo ha proposto pur prevedendo alcune reazioni negative. Per De Lorenzo si sono fatti valere da Saragat e da me i suoi titoli partigiani». Ciò avveniva molti mesi dopo il bimestre nero, e dopo quei fatti veri o presunti che avrebbero portato l'Italia sull'orlo d'un *golpe* autoritario. O Moro, Nenni e Saragat erano ingenui e sprovveduti, oppure in quel complotto dovette esserci ben poco di sostanzioso.

L'affare Sifar, che provocò la caduta di De Lorenzo, e che sfociò in inchieste giudiziarie, militari e parlamentari di migliaia di pagine, divenne di pubblico dominio, come s'è accennato, nel gennaio del 1967, quando il Ministro della Difesa – che era il socialdemocratico Tremelloni, non più Andreotti – dovette rispondere a una serie di interrogazioni sui fascicoli personali raccolti dai servizi di sicurezza: una in particolare del senatore democristiano – e ambasciatore – Gerolamo Messeri, che asserì d'essere stato oggetto di sorveglianza quando era andato negli Stati Uniti come membro d'una missione parlamentare della Nato. Tremelloni ammise che i fascicoli esistevano e che s'erano verificate «deviazioni» dei servizi segreti, presto ricondotti sulla giusta via. Tra le misure prese per correggere il malfatto vi fu il collocamento a riposo del generale De Lorenzo, deliberato dal Consiglio dei Ministri il 15 aprile 1967. «Fu un avvenimento eccezionale – ha scritto Ugo Indrio – che aveva precedenti soltanto nell'esonero di Cadorna dopo Caporetto, e che fece uno scalpore enorme.»

Molti ritennero che, con quel «siluro» a De Lorenzo, la vicenda potesse dirsi chiusa. Ed era invece – nei suoi riflessi politici e giudiziari – soltanto all'inizio. Nel maggio di quello stesso 1967 fu dato il via alla serie di articoli con cui *l'Espresso* si sforzò di dimostrare che v'era stato, tra Sifar e Quirinale, qualcosa di ben più serio e preoccupante che semplici deviazioni. V'era stato un progetto autoritario. Il generale De Lorenzo aveva approntato un piano per la difesa dell'ordine pubblico che prevedeva, in caso d'emergenza, una serie di interventi dei carabinieri, e l'arresto di individui – l'elenco comprendeva circa settecento nominativi, già schedati per attività illegali – ritenuti peri-

colosi. Gente, secondo il singolare linguaggio delorenzia-
no, da «enucleare». Il generale aveva anche escogitato
uno speciale piano D/K per la difesa del Quirinale («da
farsi con il solo impiego dell'Arma») che implicava l'invio
di uomini armati nella residenza presidenziale. Esso ebbe
il sì di Segni, indispensabile «perché si trattava di far entrare un certo numero di uomini nei giardini del Palazzo».

Cosa si proponeva De Lorenzo? Cosa si proponeva Segni? E cosa si proponevano insieme? La risposta dell'*E-
spresso* – che si accaniva contro il generale per indebolire,
nel Psi, Nenni e la sua politica di collaborazione con la Dc
– fu sicura. De Lorenzo aveva organizzato un apparato
militar-spionistico capace, venuta l'ora X, di neutralizzare
gli elementi infidi «enucleandoli» – e magari trasferendoli
in Sardegna o altrove sotto buona scorta; di ordinare l'occupazione della Rai, delle Prefetture, delle sedi dei partiti
e di altri punti nevralgici; e di spianare infine la strada a
un Governo «forte». Questi torbidi propositi sarebbero
stati agevolati dalle paure di Segni.

Il 14 luglio 1964 il Presidente gli avrebbe parlato d'un
Governo di emergenza, e il generale avrebbe insistito perché gli fossero comunicati il nome del nuovo Presidente
del Consiglio e la composizione del Ministero. «Quando
dalle sue reticenze m'accorsi che aveva progetti riposti o
addirittura che non ne aveva nessuno e farneticava, forse
già minato dal male, protestai e lo dissuasi.»

Fermo restando, per i sostenitori dell'ipotesi del *golpe*,
che De Lorenzo voleva tentarlo, restava il dubbio se egli si
vedesse nei panni d'un dittatore, o piuttosto in quelli d'un
Fouché italiano, onnipotente tra le quinte. Aveva la brigata meccanizzata. Aveva i «gruppi d'ardimento» costituiti
come un corpo di specialisti «conoscitori della tecnica della sopravvivenza e perfettamente addestrati ad operare a
grande distanza dalle basi, senza poter contare sull'aiuto
di alcuno». Aveva i *dossiers*. E aveva Segni. Saragat, Presi-

dente della Repubblica, reagì con veemenza alle accuse dell'*Espresso* contro Segni. Il 10 maggio 1967 telegrafò all'infermo: «Ho letto con indignazione le calunniose informazioni contro la tua persona pubblicate da un settimanale romano. Mentre respingo con disgusto questa vergognosa speculazione ti esprimo la mia affettuosa e devota solidarietà».

Reagendo alle accuse di Scalfari e Jannuzzi il generale presentò una querela che sfociò in un processo memorabile non tanto per le verità accertate quanto per il sottofondo di lotte feroci tra generali che vi emerse: i favorevoli e i contrari a De Lorenzo si diedero battaglia con uno slancio che raramente aveva avuto l'eguale sui campi di battaglia. I due giornalisti furono condannati in primo grado a diciassette mesi di reclusione per diffamazione. Poi la condanna sfumò per remissione di querela. Una commissione d'inchiesta del Ministero della Difesa arrivò parallelamente alla conclusione che lo studio di piani d'emergenza appartenesse ai diritti e ai doveri del comandante dell'Arma dei carabinieri, a patto che i piani stessi venissero concordati con le autorità politiche e con i responsabili della polizia. Il piano Solo, che affidava unicamente all'Arma dei carabinieri ogni intervento, esorbitava da queste regole: era un piano irrealizzabile, fantasticante, ma «deviante». Nessun tentativo di colpo di Stato, da parte di De Lorenzo, però gravi infrazioni alle «procedure» e alle regole di comportamento personale. Queste conclusioni non appagarono il mondo politico. Nel marzo del 1969 prese vita una commissione parlamentare d'inchiesta i cui componenti non riuscirono a mettersi d'accordo. Una relazione di maggioranza – nientemeno che 1410 pagine – escluse anch'essa il *golpe*, limitandosi a censurare De Lorenzo. Quattro relazioni di minoranza, dissentivano. Nel 1971 l'allora Presidente del Consiglio Colombo, avuta l'approvazione parlamentare – con un solo voto di maggioranza – dopo un dibattito sull'*affaire*, affermò che «le irregolarità di alcune misure in materia di ordine pubblico» non costituirono minaccia per le istituzioni.

È superfluo, e sarebbe troppo faticoso, inseguire gli innumerevoli rivoli giudiziari della vicenda, che per tre dei suoi protagonisti finì in gloria, portandoli in Parlamento. Nelle elezioni del 19 maggio 1968 Eugenio Scalfari fu eletto deputato e Lino Jannuzzi senatore, entrambi nelle liste socialiste. A sua volta De Lorenzo ebbe un seggio alla Camera con i monarchici di Covelli (successivamente rappresenterà in Parlamento il Msi). Prima che De Lorenzo morisse, a fine aprile del 1973, la città di Cotignola, in provincia di Ravenna, gli revocò, con deliberazione del suo consiglio comunale, la cittadinanza onoraria conferitagli per i meriti acquisiti nella lotta di Liberazione.

Molti hanno insistito e insistono sulla concretezza del colpo di Stato che De Lorenzo aveva in mente. La minaccia era, secondo Ruggero Orfei (*L'occupazione del potere*), reale: «La minaccia non è l'esecuzione, ma può servire a fini di ricatto... Il colpo di Stato vero e proprio non ci fu, ma era stato predisposto tutto per compierlo e si era usata quella preparazione per piegare non solo i socialisti, ma anche per ottenere grazia dai comunisti, che al momento salutarono De Lorenzo come salvatore della Patria, tanto che lo difesero sul loro quotidiano dalle critiche del generale Gaspari, che conosceva bene le mene del suo collega». Secondo Giorgio Galli, invece, «non ci fu alcuna minaccia di colpo di Stato».

È anche la nostra opinione. Quando i Ministri Taviani e Andreotti (l'uno all'Interno e l'altro alla Difesa nel giugno-luglio 1964) deposero sul presunto *golpe*, spiegarono che non v'erano preoccupazioni per l'ordine pubblico, e che è normale che i carabinieri tengano liste di persone

181

giudicate pericolose. De Lorenzo non voleva travolgere il regime democratico. Voleva, più modestamente, accrescere il suo personale potere assecondando i desideri, le pretese, magari le fobie di chi si trovasse in posizione tale da facilitargli la carriera. Era un arrivista, non un putschista: anche perché mancavano, in Italia, i presupposti indispensabili per un'azione di forza. Non c'era chi fosse in grado d'ordinarla con sufficiente autorità, e non c'era chi fosse in grado d'eseguirla con sufficiente efficienza.

Nel ragionamento di chi, come Orfei, attribuisce a De Lorenzo lo scopo d'intimidire socialisti e comunisti, v'è una contraddizione insuperabile. Il colpo di Stato va preparato e realizzato in segreto. L'intimidazione esige che gli intimiditi sappiano d'essere sotto minaccia, ossia esige un'azione palese, addirittura ostentata. Il presunto *golpe* del '64 mancò di entrambi i requisiti. Non fu sufficientemente segreto, tanto che del colloquio tra Segni e De Lorenzo si diede notizia pubblica. Non fu sufficientemente ammonitore, perché le ammissioni di esponenti politici sui timori che percorsero allora il Palazzo furono quasi tutte molto successive ai fatti: vennero in sede di processo e di inchiesta. Nel diario di Nenni non si coglie nessun accenno drammatico, nei giorni del bimestre nero. Il più allarmato è questo: «una crisi inutile e funesta che ha ancora più scosso il prestigio dei Partiti e del Parlamento». Espressioni gravi, ma che si attagliano a quasi tutte le crisi italiane. De Lorenzo non fece nulla e non cambiò nulla. Si limitò ad inserirsi, com'era nella sua vocazione, nei gangli del potere, per meglio sfruttarlo. Si disse che perfino il telefono di Segni al Quirinale fosse controllato con molti altri di alte personalità. L'intromissione era intollerabile, ma i suoi scopi meschini: pettegolezzi, informazioni da utilizzare per far circolare le voci giuste nei posti giusti. E per spingere in su il generale De Lorenzo, in giù i suoi rivali.

CAPITOLO DODICESIMO

IL TESTAMENTO DI TOGLIATTI

Il 9 agosto 1964 Palmiro Togliatti partì per l'Urss insieme a Nilde Iotti e alla figlia adottiva Marisa Malagoli.

Intraprendeva quel viaggio controvoglia. Avrebbe di gran lunga preferito trascorrere una vacanza sulle Alpi. Accusava fastidiosi acciacchi che gli avevano ispirato propositi di ritiro. «La riacutizzazione di un male alla vescica che da qualche tempo lo tormenta – ha scritto Giorgio Frasca Polara nella premessa a una recente edizione critica del *Memoriale di Yalta* – gli ha dato la preoccupazione e l'angoscia, forse più che del rischio della morte, del travaglio di una malattia penosa e della sorte dell'invalido, ch'egli si prospetta con esasperato pessimismo. Ne ha scritto a Longo, a marzo, proponendo e chiedendo una revisione degli organismi di direzione del Partito che lo liberi, e non in modo formale, del compito di presiedere all'attività operativa della periferia... Del problema si discute in due successive riunioni di direzione, e alla fine Togliatti si convince a soprassedere.»

Per di più sapeva che i suoi incontri con i Grandi Sacerdoti della Chiesa madre comunista non sarebbero stati facili né gradevoli. Il *leader* del Pci era andato assumendo negli ultimi tempi, pur con mille cautele e con reiterate professioni d'ammirazione verso il modello sovietico, posizioni più autonome. Parlava di «unità nella diversità» e delle «vie nazionali al socialismo». Kruscev non gli andava a genio, per le sue iniziative dirompenti, per i suoi atteggiamenti volgari, per il fondo di brutalità e sincerità contadina che distingueva il suo stile politico, e che era in flagrante contrasto con lo stile togliattiano: sottile, flessibile, prudente. Le concessioni di Togliatti alla minaccia e all'insulto erano rare, volute, e gelidamente calcolate. Quelle di Kruscev erano istintive. Il russo aveva portato a un grado d'incandescenza il conflitto con la Cina di Mao; che al di sotto e al di là delle ostentate legittimazioni ideologiche era un conflitto per la supremazia nell'universo comunista. L'Urss si proponeva d'indire una Conferenza internazionale dei Partiti comunisti – di quelli, s'intende, che le erano fedeli – per ottenervi una scomunica solenne della Cina Popolare. Alla Conferenza Togliatti era decisamente contrario. L'aveva fatto sapere a Mosca, che non se n'era data per intesa. Kruscev chiese di vedere Togliatti, probabilmente per convincerlo, e Togliatti si rassegnò ad andare a rapporto.

Vien fatto di chiedersi se, alla partenza dall'Italia, Togliatti sapesse che il potere di Kruscev vacillava; e se, sapendolo, volesse con la sua presenza in Urss dare una mano al pericolante perché rimanesse in sella, o dargli uno strattone per renderne più certa la caduta. Tutto lascia supporre che Togliatti fosse informato delle difficoltà dello zar. Con le sue antenne sensibili di uomo d'apparato, e con le informazioni portate dai «compagni» che tornavano dall'Urss dopo una visita di «lavoro» o di vacanza, aveva sicuramente captato segnali allarmanti. La consapevolezza delle difficoltà di Kruscev aiuta del resto a spiegare gli ardimenti polemici del «memoriale». Quanto alle intenzioni di Togliatti, i pareri, anche tra chi gli era più vicino, o comunque poteva avere notizie di prima mano, erano e restano divergenti. Nilde Iotti e Amendola gli hanno attribuito il proposito di schierarsi, sia pure alla sua maniera reticente, con Kruscev che in fin dei conti aveva lasciato assai più larghi margini di indipendenza ai Partiti periferici. Meglio lui d'un «duro» alla Suslov.

Togliatti si proponeva però d'insistere perché Kruscev

arrivasse, abbandonando la strategia dello scontro frontale, a un accomodamento con i cinesi. Ha dichiarato Luigi Longo: «Ho sentito dire che il viaggio di Togliatti in Russia e il *Memoriale* furono la goccia che fece traboccare il vaso dell'ostilità di Kruscev. Per quanto ne so io, Togliatti si mosse principalmente per evitare che la spaccatura tra russi e cinesi divenisse irreparabile». Leo Valiani propende per tutt'altra ipotesi. Togliatti era inserito secondo lui in una trama che includeva proprio Suslov e che aveva per scopo la defenestrazione di Kruscev. Certo è strano che, se davvero Togliatti era pro Kruscev, questi gli abbia usato – come si vedrà – lo sgarbo di non riceverlo all'arrivo.

Il viaggio aereo fu lungo e disagiato, e durò tre giorni, con soste a Francoforte, Copenaghen e Stoccolma. All'aeroporto di Mosca si fecero incontro a Togliatti Brežnev e Ponomariov. Kruscev non si fece vedere, e Togliatti ne fu molto amareggiato. I proconsoli di Kruscev – che furono anche, un paio di mesi dopo, i suoi affossatori politici – spiegarono che il Segretario generale era dovuto partire per una ispezione nelle terre vergini. Aggiunsero che altri esponenti di primo piano del Presidium erano in ferie. Insomma era il vuoto o quasi, una strana accoglienza per il veterano del Comintern e l'autorevole *leader* del più forte Pc dell'Occidente.

Sistemato nella dacia che era d'obbligo per i visitatori d'alto lignaggio, Togliatti ebbe una riunione con Ponomariov e l'ambasciatore a Roma Kozyrev. Lì, per suggerimento della moglie di Kozyrev, fu deciso che per Togliatti e i suoi fosse conveniente il soggiorno in una località più amena. Era inutile che restasse a Mosca, isolato. Si optò per Yalta, e per la ex-villa di Alessandro III. Le prime conversazioni con i sovietici non erano state idilliache. Con Brežnev e Ponomariov il freddo Togliatti era arrivato sull'orlo del litigio, a un certo punto sbottando: «Voi non capite niente, fatemi parlare con Kruscev, con voi non si può ragionare».

Poiché l'interlocutore che gli premeva era latitante, Togliatti cominciò a stendere di getto, già a Mosca, il documento che doveva fissare nero su bianco le sue idee, e lo completò a Yalta. Può darsi che l'idea di ricorrere a una lettera per sintetizzare le sue idee fosse venuta a lui, può egualmente darsi che gli fosse stata ispirata, come qualcuno ha supposto, da Ponomariov. Certo gli piacque, e la fece sua.

Non si trattava d'uno scritto destinato alla pubblicazione, ma nemmeno, come ha osservato Bocca, d'un documento segreto. Era indirizzato a Kruscev (e Togliatti si riferiva a «ulteriori scambi di idee con voi», sottolineando con distaccata ironia «qualora questi siano possibili»), ma era sicuramente previsto che circolasse tra i dirigenti del Pcus e anche tra i massimi dirigenti del Pci.

Rispetto ai messaggi e alle relazioni di cui erano destinatari i semplici militanti il memoriale era contrassegnato da una maggiore asciuttezza, e dalla mancanza del frasario di prammatica sulle mirabili realizzazioni del comunismo e dell'Urss. La scomparsa di Stalin favoriva senza dubbio questa ricerca di sobrietà critica. Lui vivo, l'entusiasmo era d'obbligo. Completato il memoriale, Togliatti incaricò la Iotti di batterne a macchina alcune copie, e più tardi ne affidò la traduzione a una «compagna» sovietica del settore esteri.

Lo scritto aveva un piglio fermo e chiaro: il piglio d'un notabile comunista che non dimentica d'esserlo, e paga il necessario tributo agli schemi dogmatici di partito: ma che, consapevole del proprio prestigio, è altrettanto consapevole della debolezza del destinatario, e si prende delle libertà. La prima parte era dedicata alla linea di Kruscev verso i cinesi, «le cui conseguenze giudico non del tutto buone». Certo l'Occidente restava il nemico di sempre e il

186

vinto di domani: «Diventano in questo momento più forti le basi oggettive di una politica reazionaria, che tende a liquidare o limitare le libertà democratiche, a mantenere in vita i regimi fascisti, a creare regimi autoritari, a impedire ogni avanzata della classe operaia e ridurre il suo livello di esistenza... La crisi del mondo economico borghese è molto profonda».

Reso così il rituale – anche se più contenuto che in altre occasioni – omaggio ai luoghi comuni marxisti, Togliatti passava alla situazione dei Paesi comunisti, con ammissioni piuttosto spregiudicate. «Non è giusto parlare dei Paesi socialisti – e anche dell'Unione Sovietica – come se in essi tutte le cose andassero sempre bene.» E ancora: «La cosa più grave è una certa dose di scetticismo con la quale anche elementi vicini a noi accolgono le notizie di nuovi successi economici e politici».

Buttata in faccia a Kruscev, era una sberla mica male. Nel memoriale la situazione italiana era trattata nel contesto generale, tanto più che Togliatti ne riservava l'esame alle successive «spiegazioni e informazioni verbali».

Non poté mai darle. Per il 13 agosto era stato invitato a visitare un campo di pionieri. «Si sentiva affaticato – ha raccontato Nilde Iotti. – Ci andammo a piedi camminando per la pineta. Notai che era pallido, ma non mi parve in condizioni preoccupanti. Si sentì male durante lo spettacolo dei pionieri.» Una emorragia cerebrale aveva folgorato Togliatti che agonizzò per otto giorni. Il 20 agosto fu tentato, *in extremis*, un intervento chirurgico che si rivelò inutile.

Alle 13.30 del 21 Togliatti spirò. Si precipitarono a Yalta i capi comunisti che avevano disertato il suo arrivo, Kruscev, Podgorni, Kossighin. Erano già sul posto, accorsi dall'Italia, Longo, Lama, Natta e altri esponenti del Pci. Fu subito posto il quesito: pubblicare o no il memoriale? Longo era per il sì, Natta esitava. Ripartendo dall'Urss,

Longo consegnò una copia del memoriale ai sovietici, poi scrisse un promemoria per l'Ufficio politico, spiegando per quali ragioni fosse arrivato alla conclusione che era meglio renderlo noto. Ne parlò, nell'orazione funebre che pronunciò a Roma in piazza San Giovanni, «per impedire manovre che avrebbero potuto bloccare la nostra decisione». «Su questi argomenti – disse Longo alla folla – il compagno Togliatti ci ha lasciato un suo memoriale.» Curiosamente, esso fu dato poi alle stampe nell'Urss, forse per corredare d'argomenti l'attacco a Kruscev. A questo scopo Suslov ordinò che la *Pravda* lo riproducesse integralmente.

I funerali di Togliatti, il 25 agosto, mobilitarono una folla immensa. «Si sono risolti – annotò Nenni – in una imponente manifestazione di forza, come il Pci voleva. Forse c'era meno commozione e spontaneità, anche se c'era più grandiosità, che in altri funerali, per esempio quelli di Di Vittorio.» L'indomani lo stesso Nenni aggiungeva: «Dura l'impressione per i funerali di Togliatti. *L'Unità* intitola "Eravamo un milione". Le cifre ufficiali parlano di duecentocinquantamila. Polemica ridicola. Al di là di un certo *plafond* gli zeri non contano più... Il Comitato centrale del Pci ha nominato Longo segretario generale. Era scontato: Longo è da vent'anni il vice di Togliatti. Non ne ha l'ingegno né la dottrina. Conosce meglio di Togliatti i quadri del Partito. Ho visto in Spagna come sa comandare. Nomina interlocutoria? Può darsi. Tra l'altro sembra che Longo non abbia buona salute. Ma i luogotenenti non hanno denti per affrontarlo. Ed è del resto naturale che il loro primo istinto sia di fare quadrato attorno al sergente furiere di giornata ora che il generale è scomparso».

Per rispetto verso l'Urss – memoriale o no – i comunisti evitarono di chiedersi, in pubblico, se il loro *leader* fosse stato curato adeguatamente a Yalta. Privatamente Spallone, che di Togliatti era il medico e uno tra gli amici più stretti, fu molto duro. Togliatti era stato ucciso, disse, «non solo dalla trombosi cerebrale, ma da cure sbagliate e dalla mancanza di apparecchiature mediche adeguate. Fanno voli verso la luna e mancano delle cose elementari».

La nuova dirigenza del Pci fu presto messa alla prova – per quanto riguardava i rapporti con l'Urss – dal terremoto che squassò il Cremlino a metà ottobre del 1964. Il giorno 16 la *Pravda* pubblicò in quattro ipocrite righe, quasi si trattasse di *routine* politica, la notizia che l'impetuoso Nikita s'era dimesso «per motivi di salute».

La spiegazione, che poteva bastare per i milioni di compagni Ivan costretti a nutrirsi di menzogne e reticenze ufficiali, non convinse nessuno nel mondo di fuori. I Partiti comunisti dell'Occidente, che fronteggiavano una informazione vivace e polemica, tentarono d'avere, a botta calda, qualche maggiore dettaglio e chiarimento, ma si scontrarono con il cocciuto silenzio di Mosca. A quel punto Longo si risolse ad inviare nell'Urss una delegazione che chiedesse e se possibile ottenesse spiegazioni. A guidarla fu scelto – ed era un segno evidente della sua «crescita» ai vertici del Pci – Enrico Berlinguer, che venne affiancato da Paolo Bufalini e da Emilio Sereni. Berlinguer aveva, nella segreteria, l'incarico di seguire le questioni internazionali, e questo lo abilitava, burocraticamente, alla missione. Ma in più c'era la sua ortodossia comunista mai incrinata, e la sua ammirazione per l'Urss: tutte garanzie per gli interlocutori sovietici.

Il Berlinguer del '64 non era però lo stesso che nella sua qualità di dirigente di organizzazioni giovanili, aveva visitato l'Unione Sovietica nel 1946 con occhi ammirati o addirittura estatici. Tutto gli era parso stupendo. O almeno diceva che tutto era stupendo. A chi, al ritorno, osò rivolgergli una domanda frivola sulle ragazze di lassù, rispose gelido (lo riferisce Chiara Valentini nella sua biografia di Berlinguer): «Nel Paese del socialismo le donne non hanno bisogno di nessun orpello per attrarre gli uomini. In Urss non ci sono donne, ci sono compagne sovietiche». Una risposta da burocrate di Partito e da puritano, e Berlinguer era l'una e l'altra cosa. Qualche sua convinzione s'era peraltro appannata in quasi vent'anni, qualche illusione era sfumata.

A Mosca ottenne che non lo confinassero, come voleva il protocollo, in una dacia lontana, ma che lo alloggiassero, con gli altri due messaggeri, in un albergo del centro. I tre furono dapprima ricevuti da Suslov e da Ponomariov. Berlinguer pose, alla sua maniera pignola, seria, un po' triste, degli interrogativi molto precisi. Osò perfino dire: «Non capite che con questi metodi compromettete il nostro prestigio?». I sovietici reagirono stizziti, affermarono che Kruscev era un improvvisatore, esclusero che il dissidio tra l'Urss e la Cina fosse stato tra le cause della sua disgrazia. E, volendo trovare un pretesto per controaccusare, imputarono al Pci d'avere reso pubblico intempestivamente il memoriale di Yalta, formato da «appunti riservati per una discussione tra compagni».

Brežnev, che vide i tre a ventiquattr'ore di distanza, fu meno aspro. Ma pose come condizione che nel rituale comunicato congiunto non vi fosse traccia delle critiche e delle perplessità espresse dalla delegazione del Pci. Tuttavia un documento della direzione comunista inserì in una valanga di frasi la constatazione che, per quanto riguardava la destituzione di Kruscev, v'erano «punti di vista diversi tra il Pcus e il Pci». Berlinguer aveva perfino acquistato, con il trascorrere del tempo e il moltiplicarsi di segni di malessere del comunismo, qualche capacità di *humour*. «Le leggi generali del socialismo – disse una volta a Bufalini – sono tre: le statistiche non sono vere, l'agricoltura va male, le caramelle si appiccicano alla carta.»

CAPITOLO TREDICESIMO

LA SFIDA DI NATALE

Mentre Segni era impedito, e Kruscev era liquidato, il centrosinistra dovette passare un altro esame. La tornata di elezioni amministrative prevista per il 22-23 novembre 1964 coinvolgeva 74 consigli provinciali e ben 6767 consigli comunali: in tutto 32 milioni di italiani erano chiamati alle urne. Il *test* era di particolare importanza per i tre partiti maggiori. La Dc, che le «politiche» del '63 avevano punito, doveva valutare, in questa prova d'appello, la sua tenuta. Nel Partito, che aveva celebrato a metà settembre il suo Congresso confermando alla segreteria Mariano Rumor, era sempre dominante la corrente moro-dorotea: che tuttavia, con una metà scarsa dei consensi congressuali, doveva fare i conti con le altre componenti: i fanfaniani (21 per cento), la sinistra di Base e di Forze nuove (20 per cento), gli scelbiani e scalfariani (11 per cento).

Per i socialisti l'appuntamento di novembre era ancor più significativo, e più spinoso. Si sarebbe visto, non più in Parlamento, ma nel Paese, quale fosse stato l'impatto della scissione, e quanta «base» il Psiup fosse riuscito a strappare al vecchio tronco. Nenni era insieme risoluto e rassegnato. La strada del centrosinistra, imboccata dopo tanto travaglio e tante esitazioni, gli pareva l'unica percorribile. Il responso degli elettori poteva confortarlo o avvilirlo, non indurlo a rettifiche. Ma attorno a lui era tutto un ribollire di critiche, ansie, ambizioni e puntigli. Nenni fu volta a volta il capo e il padre nobile del Psi, non ne fu mai il padrone alla maniera di Craxi. Di personaggi notevoli – che erano magari creduti, o si credevano, eccezionali – il

Psi ne aveva in abbondanza, della vecchia guardia e della nuova (Bettino Craxi faceva ancora il suo tirocinio milanese). Semmai ne aveva troppi. Era un Psi di unanimismi rari e retorici, di scissioni e riunificazioni ricorrenti per la convivenza necessaria e impossibile tra le sue due anime di sempre, la riformista e la massimalista. Ora, staccatisi quelli del Psiup, il Psi era più riformista, ma non per questo più compatto. Nenni sapeva benissimo che un calo vistoso l'avrebbe messo sul banco degli imputati.

Infine la nuova dirigenza comunista saggiava lo stato di salute del Pci che la morte aveva privato di Togliatti, che aveva in Mosca un punto di riferimento sempre meno affidabile, e che soffriva, al suo interno, di ben dissimulati contrasti sulla linea politica: in particolare sull'atteggiamento da tenere verso la Dc e il Psi, con Ingrao che coltivava disegni di cattocomunismo, e Amendola che propendeva invece per una grande sinistra, una riedizione aggiornata del Fronte popolare. I due diversi obbiettivi presupponevano due diverse strategie. Ma la contesa restò confinata nell'ambito degli eletti, e gli elettori comunisti andarono alle urne sollecitati da una problematica molto più banale, quella del malcontento che deriva dal malessere sociale, ma deriva anche dall'accresciuto benessere. Il Pci era costretto a spiegare alle masse popolari come mai il mondo occidentale, nonostante la breve recessione italiana, progredisse impetuosamente, e come mai i due colossi del comunismo, l'Urss e la Cina, fossero arrivati alle soglie della guerra. Si vide poi che l'elettorato s'accontentava di chiarimenti che non chiarivano nulla. I capi comunisti assicurarono comunque che, se fossero arrivati al potere, avrebbero accettato l'esistenza d'una opposizione (corredarono peraltro questa apertura liberaldemocratica con una precisazione inquietante: i partiti d'opposizione avrebbero dovuto acconsentire alla costruzione d'una società socialista); annunciarono inoltre che riconoscevano il dovere d'un partito e d'un regime, quando fosse diventato minoranza, d'abbandonare il Governo. Erano concessioni (solo verbali, e indimostrabili nella pratica) al metodo democratico occidentale, ossia a quel tipo di democrazia che il compianto Togliatti aveva sempre schernito come di gran lunga inferiore alla democrazia «socialista», inverata a Mosca o a Varsavia o a Budapest.

Le urne non premiarono ma nemmeno bastonarono la Dc, che ebbe una flessione molto lieve nel raffronto con le «politiche» del '63, (dal 38,3 al 37,36 per cento), flessione giustificata in larga parte dal carattere locale della consultazione. Assestarono invece un colpo serio al Psi, i cui capi dovettero amaramente costatare che con il Psiup non se n'era andato soltanto un gruppo di notabili: se n'era andato il venti per cento degli elettori. Dal 14,2 del '58 all'11,30, con un Psiup che si prendeva il 3 per cento. Nenni fu accorato nel suo commento: «(Siamo) vinti dal nostro rodimento interno... Nelle maggiori città siamo sopravanzati dai liberali, in alcune persino dai missini. Siamo partiti nel 1946 dal 20,7 vicino a un Partito comunista che veniva dopo di noi e che oggi raccoglie il 25,26 dei voti. Due scissioni ci hanno pressoché distrutti e non si può non ammirare la fedeltà dei tre milioni di elettori che ci seguono malgrado tutto».

Per la verità la percentuale comunista era stata un po' superiore a quanto Nenni avesse scritto a caldo: il 26,02 per cento, una nuova paradossale attestazione di vitalità da parte d'un Partito che doveva aver tutto a suo sfavore, gli avvenimenti esteri, la prosperità nazionale, l'apertura a sinistra del Governo, anche la creazione d'un Psiup su alcune tematiche più a sinistra del Pci; e che pure avanzava di elezione in elezione, e ora poteva vantarsi d'aver superato, dopo quella del 25 per cento nel '63, la soglia del 26 per cento.

I trionfatori, insieme ai comunisti, furono i liberali che

toccarono l'8 per cento dei voti, e che capirono – o forse non capirono, se si guarda alla loro politica e ai loro risultati successivi – che la posizione conservatrice di critica dura al centrosinistra era elettoralmente fruttuosa.

Sostanzialmente azzerati i monarchici, fermi i repubblicani e i missini, e infine in ulteriore progresso i socialdemocratici (dal 6,1 al 6,68).

Ciò rinfocolò le speranze di Saragat, il quale sapeva ormai ineluttabilmente vicina – per il perdurare delle condizioni di Segni – l'elezione presidenziale, e affacciava con vigore una implicita anche se non ancora confessata candidatura (anzi una ricandidatura, tenendo conto di ciò che era avvenuto due anni e mezzo prima).

Individuando in Fanfani il potenziale candidato della Dc, e quindi un rivale, Saragat ne aveva denunciato, nel Comitato centrale socialdemocratico dei primi di ottobre (1964), le disinvolte escursioni tra vari settori dello schieramento democristiano: «Che dire di un gruppo di potere che, nella fase più delicata della politica di centrosinistra, ha rovesciato nel modo più spregiudicato le sue posizioni e – peggio ancora – ha realizzato un'ambivalenza opportunistica, per cui può riscuotere simultaneamente il plauso della stampa fascista e di quella comunista, e può indifferentemente collocarsi in posizione critica nei confronti del Governo, oggi con argomenti demagogici di destra, e domani con argomenti demagogici di sinistra?».

Sistemato così Fanfani che non badava a mezzi pur di cattivarsi appoggi, Saragat si preoccupava però di blandire i comunisti, che quando era stato contrapposto a Segni l'avevano sostenuto, e che anche questa volta, se ne rendeva conto, gli sarebbero stati necessari. «Noi diciamo – affermò Saragat in una intervista televisiva di circa un mese dopo – che non e possibile collaborare con i comunisti al Governo: vale a dire che non è possibile assumere una corresponsabilità governativa con un Partito che non cre-

194

de nella democrazia politica. Ma se domani fossero possibili delle convergenze sul piano pratico, vale a dire, per esempio, in una lotta sindacale in cui la classe operaia socialdemocratica (quale? – *N.d.A.*) si trovasse a combattere per una giusta causa, non si può respingere l'alleanza con un sindacato comunista. Se ci troviamo a votare in Parlamento una legge giusta, con le forze reazionarie che fanno il sabotaggio e i franchi tiratori che cercano di impedire che la legge passi, io dico: i voti comunisti sono accettati, ben vengano i voti comunisti.» Da queste parole Malagodi trasse spunto per dire il 6 novembre (1964) che Saragat era più a sinistra dei comunisti. Tanto che Rumor allarmato – si era alla vigilia delle amministrative del 22 novembre – intervenne per spiegare che, secondo lui, non conveniva allo sviluppo della democrazia «ipotizzare la possibilità di contingenti e momentanee convergenze con i comunisti».

Con le premesse che abbiamo illustrato l'elezione presidenziale del dicembre 1964 – quinta nella storia della Repubblica, e terza nel decennio percorso da questo libro – s'annunciò come ancora più controversa e incerta delle precedenti. La Democrazia cristiana era, secondo tradizione, rissosa: e lasciava ampi spazi sia alle manovre interne delle correnti, sia a quelle degli altri Partiti. Mancava, nell'opposizione, un regista della sottigliezza e della disinvoltura di Togliatti, capace di piegare la dirigenza comunista ai suoi disegni. Ma non c'era bisogno d'un tessitore di trame sopraffine per approfondire le lacerazioni democristiane, affiorate con chiarezza quando, il 15 dicembre, i gruppi parlamentari del Partito dovettero designare il loro candidato al Quirinale. La scelta del candidato – quella che in America chiamano *nomination* – cadde su Giovanni Leone («ci sono andato con la più stupida innocenza» confidò più tardi Leone stesso) ma con significative defezioni.

Circa 200 voti a Leone, un'ottantina a Fanfani, una quarantina al sindacalista Giulio Pastore, una trentina a Scelba, gli altri dispersi. Come armata, quella dc era degna di Brancaleone. Fanfani, che nel Partito era minoritario, sapeva peraltro di poter contare su potenziali appoggi esterni, che sarebbero diventati operativi il giorno in cui la sua candidatura si fosse sufficientemente consolidata. Sperava insomma in una riedizione, corretta e riveduta, del meccanismo che nel 1955 aveva issato Gronchi al Quirinale. I comunisti si tenevano di riserva (infatti nelle prime votazioni diedero compattamente i loro voti a Terracini): ma Ingrao era disposto ad appoggiare Fanfani, e Amendola era piuttosto in favore d'un candidato socialista.

A loro volta i socialisti s'erano pronunciati, all'unanimità, per Saragat. «Ma è una unanimità fittizia – osservava Nenni –. Lombardi, Bertoldi e altri hanno insistito sul mio nome ed espresso il convincimento che ci si arriverà. Questo è il segreto pensiero dei compagni che hanno condotto con me la battaglia autonomista. Ci pensano sino a esserne ossessionati.» Nenni era del parere – alla lunga smentito dai fatti – che i due primi candidati «veri», ossia Leone e Saragat, fossero destinati a «bruciarsi» vicendevolmente e che tutto si sarebbe risolto con il sopravvento d'un terzo. Pertini dava vincente Fanfani al quarto scrutinio (sbagliava anche lui).

Saragat, pur scottato dalla sconfitta del 1962, voleva fortemente la candidatura, e nello stesso tempo voleva evitare una crisi di Governo, avendo preso gusto a fare il Ministro degli Esteri. Erano due desideri difficilmente conciliabili, perché la candidatura Saragat lo poneva in rotta di collisione con la Dc. «Se la Dc designasse Saragat – aveva confessato mestamente Moro a Nenni – l'elezione di Fanfani diverrebbe ineluttabile per la ribellione dei gruppi parlamentari.» Saragat, generoso ed egocentrico nello stesso tempo, faticava a capire l'ostilità che i democristiani gli riserbavano per il Quirinale. Già nel 1962, in una accorata lettera personale a Moro, aveva ricordato che «quando si tentò di trascinare la Dc nel fango colpendola con voci calunniose (voci partite purtroppo dal seno della Dc stessa) nella persona del suo attuale Presidente (Attilio Piccioni per l'"affare" Montesi – *N.d.A.*) fui io l'unico tra i capi partito a levarsi per difendere con la verità le condizioni stesse della convivenza democratica... Ebbene la Dc in questo momento mi sta elevando un monumento, ma un monumento di ingratitudine». La gratitudine non è di questo mondo, e ancor meno del mondo politico, ma Saragat, veterano del Palazzo, fingeva di dimenticarlo.

Il *quorum* necessario per l'elezione del Presidente (beninteso al quarto scrutinio, i primi tre, con la loro prescritta maggioranza di due terzi, non contavano) era di 482 voti. Se tutti i democristiani (399) e in più i liberali (57), i missini (42) e i monarchici (10) avessero votato per lui, Leone sarebbe riuscito con una maggioranza alla Segni. La situazione presentava invece ben altre prospettive.

Leone esordì il 16 dicembre con una buona dote di 319 voti, mentre Fanfani ne aveva appena 18, e Saragat 140.

Dopodiché Leone procedette di bene in peggio, con estenuanti alti e bassi (304, 298, 290, 294, 278, 313, 312, 305, 299). Dal primo al decimo scrutinio Fanfani andò progredendo, portandosi fino a quota 129, e Saragat restò fermo, anzi con un lieve regresso (138) per qualche defezione, si suppone, lombardiana e della destra socialdemocratica (Paolo Rossi). Il suo tetto era infatti a quota 149.

Per Fanfani votavano, oltre a una parte dei dissidenti democristiani, anche i socialproletari. Tra i Dc s'erano formati altri due gruppi, uno per Pastore (una quarantina), un altro per Scelba (una trentina). Era la stessa veste d'Arlecchino della Dc che s'era vista quando i gruppi parlamentari avevano designato il candidato. Leone definì

197

questa prova «un supplizio cinese perché era tutto un gioco complicato di schede bianche o dirottate su candidature di comodo perché si perdessero le tracce dei franchi tiratori». Il Paese assisteva tra il disgustato e il divertito allo spettacolo che il Parlamento gli offriva, in tutta gratuità e inverecondia.

La Dc in pezzi aveva un tenue motivo di consolazione nelle piroette degli altri Partiti. I liberali decisero il 19 dicembre di schierarsi con Leone, il che lo spinse provvisoriamente un po' più in alto, ma gli fece perdere una ulteriore fetta di consensi tra i cosiddetti «amici» del Partito. Saragat inviò quello stesso giorno ai tre Partiti laici del centrosinistra (Psi, Pri, Psdi) una lettera che suonava come una rinuncia alla candidatura, ma in serata un suo portavoce comunicò alla stampa una nuova dichiarazione dalla quale risultava che il *leader* socialdemocratico era sempre in gara. Fanfani annunciava propositi di resistenza a oltranza e chiedeva la solidarietà di Nenni: il quale gli rispose che non poteva votare per lui anche se non sposava «i rancori moro-dorotei».

Il 20 dicembre Saragat sembrò spacciato. Quando era corsa voce della sua rinuncia, qualcuno che nel Psi non vedeva l'ora di liberarsene, aveva preso la palla al balzo: e proposto che fosse finalmente affacciato il nome di Nenni. Saragat, che come abbiamo visto non aveva affatto abbandonato, fu invitato a un incontro chiarificatore con La Malfa e con Nenni. «A me che gli telefonavo affinché venisse alla riunione – questa la versione di Nenni – ha risposto che la mia candidatura era una manovra ordita contro di lui, che io ero dietro la campagna dell'*Espresso*, che il gruppo socialista tradiva lui e avrebbe tradito me ecc. ecc. L'ho mandato al diavolo! Avendolo poco dopo incrociato durante le votazioni in un corridoio mi è venuto incontro sorridendo.»

In questo frangente i tre «laici» optarono, interlocutoriamente, per la scheda bianca, il che avvenne il 20 dicembre.

Nei due giorni successivi si ebbero delle novità rilevanti, o se vogliamo chiamarli così, dei colpi di scena, ma le fumate continuarono ad essere nere. Anzitutto i socialisti e i repubblicani convogliarono i loro voti su Nenni, presto imitati dai comunisti; i missini si aggregarono allo schieramento di Leone; i socialproletari abbandonarono Fanfani ma non ne vollero sapere di Nenni, e invece tornarono al loro candidato di bandiera (Alcide Malagugini); infine Fanfani e Pastore uscirono di scena, almeno formalmente.

Agli inviti che gli venivano rivolti perché si ritirasse – uno particolarmente autorevole e pressante del Vaticano, tramite monsignor Dell'Acqua che sicuramente agiva per incarico di Papa Montini – Fanfani replicò dapprima con un *escamotage* dialettico: non poteva, disse, ritirare una candidatura che non aveva mai presentato. Ma poi si rassegnò dichiarando che, «nella situazione venutasi a creare», era costretto ad attenersi alle decisioni degli organi dirigenti della Dc. Pastore si limitò ad osservare che la propria candidatura era andata incontro alle aspirazioni dei ceti popolari.

Pareva fatta, per Leone, e non lo era per niente. Al quattordicesimo scrutinio egli toccò la quota 406, il suo record (Nenni 353, Malagugini 40, Saragat 8, bianche 129). Qualche scheda portava il nome del senatore Lodovico Montini, fratello di Paolo VI, forse come segnale polemico per il veto opposto dal Vaticano a Fanfani. Gli ex-fanfaniani e pastoriani s'erano dunque convertiti in massima parte alla scheda bianca, il che toglieva i nomi dei due notabili democristiani dalle schede, ma non li aggiungeva al gruzzolo di Leone, che era cotto. Se ne rendeva conto lui e se ne rendevano conto Moro e Rumor, tanto che entrambi esaminavano già una rosa d'altri nomi: Campilli, Fanfani, Pastore tra i loro, e Saragat. Un po' grottesca-

199

mente, Mariano Rumor ritenne che fosse quello il momento più adatto per usare il pugno di ferro verso i ribelli della Dc: proclamando d'avere individuato i promotori della secessione in De Mita e Donat Cattin, li sospese «per atti di rilevante indisciplina politica». Leone sapeva di non poter fare affidamento alcuno sugli effetti di quest'improvviso sussulto d'energia del segretario del Partito. Che tuttavia aveva lanciato l'effimera scomunica contro esponenti di secondo piano, anche se molto attivi come *agit-prop* della dissidenza, non contro i protagonisti della dissidenza stessa. Leone ne ebbe abbastanza, e lo comunicò alla direzione democristiana con una lettera di rinuncia «dignitosa e polemica» (così la qualificò Nenni). Leone spiegava d'essere estraneo alle correnti, e d'aver accettato una candidatura offertagli attraverso una scelta democratica. Forte dei meriti acquisiti con otto anni d'imparziale Presidenza alla Camera, era convinto che la Dc potesse schierarsi compatta sul suo nome, ed avere il consenso dei Partiti democratici «dai quali per altro più volte avevo ottenuto i più ampi riconoscimenti di lealtà e d'equilibrio». Era stato invece deluso dai suoi colleghi di partito, «sconcertante fenomeno sul quale, in un momento così delicato ed impegnativo, devo per ora rinunciare a dare indicazioni e a formulare un giudizio». Il suo ritiro, precisò Leone, era irrevocabile.

La Dc aveva perduto Leone senza essere in grado d'avanzare un altro nome. «Fatto mai accaduto nella sua vita più che centenaria», come ha rilevato Vittorio Gorresio, il Parlamento italiano tenne seduta il giorno di Natale di quel 1964. Fu un Natale amaro per i democristiani (ma se l'erano voluto) che infilarono nell'urna scheda bianca, incapaci com'erano di vincere ed esitanti a confessare la loro bancarotta. Mentre sfilavano davanti all'urna di vimini, i deputati e senatori dc raccoglievano sarcasmi – o peggio – da altri parlamentari. Il senatore socialproletario Adelio

Albarello gridava «Vergognatevi» ad ogni passaggio, monarchici e missini, con variazione sul tema, urlavano «svergognati», poi finì che l'estrema destra si azzuffò con l'estrema sinistra, e i commessi s'interposero per evitare pugilati. In piazza Montecitorio sostava una piccola folla che commentava le cronache delle radioline con l'epiteto «buffoni!». I giornalisti più versati in materia storica e politica ricordavano che il Parlamento italiano meritava un posto nel Guinness perché era stato battuto ogni record mondiale di lunghezza delle elezioni presidenziali. Il precedente primatista, François Coty, era stato eletto in Francia, dopo tredici votazioni, il 23 dicembre 1953: ma gli era toccato anche d'essere l'ultimo Presidente della Quarta Repubblica francese.

Il giorno di Santo Stefano Saragat tornò prepotentemente alla ribalta perché i democristiani erano disposti ormai ad accettarlo, per stanchezza più che per convinzione. Ma non bastava. Il segretario socialdemocratico Mario Tanassi non esitò, per propiziargli la vittoria, a compiere un gesto d'umiltà chiedendo ed ottenendo d'essere ricevuto in via delle Botteghe Oscure, sede del Pci. Lo accolsero Longo, Terracini e Ingrao, disposti – lo dissero subito – a trasferire i loro voti da Nenni a Saragat purché fosse messo nero su bianco, in un comunicato, che quei voti erano stati esplicitamente richiesti, e che il Psdi avrebbe accettato la confluenza di tutti i Partiti democratici ed antifascisti (con l'esclusione dunque del Msi).

Tanassi s'illuse d'aver trionfato. Ma quando riferì del colloquio a Rumor, il segretario della Dc chiese tempo: doveva consultarsi con i suoi. Lo fece provocando la reazione dell'incollerito Scelba. Il comunicato era inaccettabile. Per effetto di quest'irrigidimento democristiano Saragat toccò quota 311, ma Nenni fu più in alto (380). Esterefatti, gli italiani registrarono la contrapposizione di due *leaders* socialisti.

Poiché Tanassi aveva fallito nella sua opera di mediazione, toccava ora a Saragat in persona il compito di ricucire quella che Nino Valentino, in *La battaglia per il Quirinale*, ha definito «la tela strappata» della sua candidatura. In compagnia di Antonio Cariglia e di Mario Tanassi (secondo Gorresio) o di Tanassi e Castelli (secondo il diario di Nenni) Saragat andò la sera del 27 dicembre nella sede del gruppo parlamentare socialista. «Gli ho stretto la mano – scrisse Nenni – dicendogli che c'è tra noi un caso personale da risolvere in separata sede. Ha risposto che non c'è più nessun caso personale (la magnanimità dei candidati in cerca di voti è infinita – *N.d.A.*). Discussione molto franca e molto serena. Ha detto che se ci fosse una possibilità su cento di successo per me avrebbe dato i suoi 40 voti (non 47 perché sette socialdemocratici votano contro di lui). Ha riconosciuto che la sua elezione dipende dai comunisti. Ha preso tempo fino a domani mattina per chiarire coi comunisti se può avere i loro voti. Diversamente, chiuso lo scrutinio, ci riuniremo per decidere o il ritiro dell'una o dell'altra candidatura, oppure il ritiro di tutte e due.»

Vi fu l'indomani un fitto scambio di lettere. Nenni scrisse alla direzione del suo Partito per informare che Saragat gli aveva offerto i voti socialdemocratici ma che, mancando alla sua (di Nenni) candidatura i voti necessari anche con quell'apporto «io credo che tocca a noi riversare i nostri voti sulla candidatura Saragat». Tanassi scrisse a Nenni per ringraziarlo. Saragat scrisse, per le agenzie di stampa, che «ho posto per la seconda volta la mia candidatura a Presidente della Repubblica e mi auguro che sul mio nome vi sia la convergenza dei voti di tutti i gruppi democratici e antifascisti». Tanassi scrisse a Longo per dirgli che la dichiarazione di Saragat gli pareva «la conclusione del colloquio nel quale insieme abbiamo cercato di trovare una soluzione positiva per l'elezione del Presidente della

Repubblica». Francesco De Martino, segretario socialista (Nenni aveva lasciato l'incarico quando era entrato nel Governo) scrisse allo stesso Longo per fargli osservare che nel testo di Saragat «mancava ogni discriminazione nei confronti del Pci». Non veniva riconosciuto esplicitamente che i voti comunisti erano stati chiesti, non offerti: ma Longo s'accontentò.

La sera del 28 dicembre Giuseppe Saragat diventò Presidente con 646 voti su 927 votanti (150 schede bianche per almeno due terzi democristiane), 9 liberali insistettero sul nome del loro Presidente Gaetano Martino, e i missini su quello di Augusto De Marsanich. I sette dissenzienti socialdemocratici si pronunciarono per Paolo Rossi. Come osservò il *Times*, «l'uomo migliore era stato scelto nel modo peggiore».

Migliore certo di tantissimi altri, ma imprevedibile. Con atteggiamento ispirato aveva detto a Nenni, pochi momenti prima dell'ultima votazione: «Gente come te e come me, al Quirinale, se c'è una sommossa di destra, spara: se ce n'è una di sinistra, si spara».

Per sua buona fortuna gli mancò l'occasione di confermare, nei fatti, la validità dell'assunto.

Il messaggio del quinto Presidente, letto a Montecitorio alle 11 del 29 dicembre, subito dopo il giuramento, volle evitare sia i velleitarismi gronchiani sia il grigiore di Segni. Il pezzo forte fu nell'elogio della Resistenza – sarà il *leitmotiv* del settennato – che, «nata spontaneamente da tutti i ceti, ha consentito al nostro Paese di occupare in un momento tragico della sua storia un posto onorevole tra i combattenti della libertà. Ad essa l'Italia democratica deve una grande parte del suo patrimonio politico e morale». Saragat abitò il Quirinale: ed essendo vedovo dal 1961, affidò il ruolo di padrona di casa alla figlia Ernestina, moglie di un noto odontoiatra romano (il figlio Giovanni era diplomatico di carriera).

A sessantasei anni – era nato il 19 settembre 1898 a Torino, e s'era fatto socialista nel 1922 – Saragat era vigoroso, imperioso, umorale. La sua presenza aveva portato nella vita politica italiana del dopoguerra una nota di grande nobiltà e di sostanziale coerenza sui grandi temi, insieme ad una certa capricciosità bizzosa nel quotidiano. Ma questo antifascista vero, e intellettuale autentico, mandato al Quirinale anche dai voti del Pci e del Psi, poteva rivendicare, di fronte alla democrazia italiana, un merito grande e incancellabile: la scissione di Palazzo Barberini, nel gennaio del 1947. Con notevole coraggio, dati i tempi, Saragat aveva rifiutato l'abbraccio tra socialisti e comunisti nel Fronte popolare. Scelse l'Occidente, e divenne il «caro nemico» di Pietro Nenni (e la bestia nera di Togliatti).

Non era un uomo facile, e tutto sommato nemmeno un uomo simpatico. Riusciva difficile instaurare con lui un rapporto amichevole, da pari a pari. Il dialogo con Saragat non era mai altro che un monologo di Saragat. Questa che nell'ordinaria amministrazione era la sua debolezza, fu la sua forza nel momento dell'emergenza. Solo un uomo impermeabile alle voci altrui poteva affrontare i comizi e sfidare le piazze del 1947-48, schiumanti di rabbia e di odio contro di lui, il socialfascista, il socialtraditore, il rinnegato. Impassibile sotto quell'uragano, Saragat svolgeva le sue argomentazioni: asciutte, serrate, senza concessioni alla retorica tribunizia.

Non si può dire che Saragat si fosse fatto ripagare il grande servigio reso alla democrazia in sostanziose fette di potere. Nei vari Ministeri che occupò, aveva brillato per la sua assenza. Anche come capo del Psdi lasciava alquanto a desiderare. Forte del fatto di averlo inventato lui, e di schiacciare con la sua personalità quella di tutti gli altri, se ne curava poco. S'era sempre considerato parecchie spanne al di sopra della *nomenklatura*, e lo era specie sul piano culturale. L'unica carica che considerava all'altezza della sua altezza, e per la quale veramente si era battuto, era la Presidenza della Repubblica. Al primo tentativo aveva fallito. Al secondo, come sappiamo, riuscì. Purtroppo sappiamo anche in quale tortuoso modo riuscì. Ma le elezioni passano presto, i Presidenti durano sette anni. Saragat sarà un buon Presidente.

Dopo la tragicommedia dell'elezione presidenziale la Dc doveva rimarginare le sue ferite, che erano profonde: e sulle quali avevano buttato sale le polemiche interne. Gli scelbiani, sul loro settimanale *Il Centro*, avevano aspramente deplorato sia il comportamento dei dorotei, sia quello di Fanfani. Dei dorotei per aver scelto Leone «senza aver cercato un previo accordo con nessuno»; di Fanfani per aver insistito sulla sua candidatura quand'era apparsa bruciata. «Giunti a questo punto – scriveva *Il Centro* – la Dc non fu in grado di proporre un suo nome per la massima magistratura dello Stato, né poté proporre il nome di Merzagora senza avere la possibilità di assicurargli neppure la totalità dei voti dei suoi parlamentari. La candidatura di Saragat prese l'avvio e d'altronde l'uomo aveva i titoli per assolvere degnamente l'alta funzione.»

A loro volta i fanfaniani, in una lettera apocrifa fatta circolare dagli amici di *Nuove cronache*, accusavano la segreteria del Partito d'aver rifiutato l'unica soluzione (Fanfani) capace di raccogliere «la più ampia e svariata confluenza di voti» e di togliere qualsiasi significato politico alla maggioranza elettorale, nonché qualsiasi significato in contraddizione con la prospettiva generale e la linea politica della Dc. «Fu sbagliata – insistevano gli "amici" – la tattica rigida in luogo di quella elastica della rosa dei nomi; fu sbagliato pretendere la disciplina del voto segreto, contro i precedenti in materia e contro la natura costituzionale morale e politica del problema; fu sbagliato il calcolo politico sulla candidatura di Leone, che non poteva riuscire se non coi voti dei liberali e dei missini.» Quasi non bastasse, il fanfaniano Barbi aveva pubblicamente accusato Moro di «furbizie levantine».

In un altro contesto queste prese di posizione sarebbero state la premessa di rotture definitive. Nella Dc furono la premessa d'un *embrassons-nous*, tanto sospetto nella sostanza quanto spettacolare nella forma, che avvenne durante una riunione del Consiglio nazionale, ai primi di febbraio del 1965. Rumor aveva proposto all'assemblea un interrogativo inquietante: «La Dc, come corpo rappresentativo, unitario, delle forze cattoliche democratiche e di ispirazione cristiana, ha ancora una ragion d'essere nella realtà politica italiana?». Il segretario del Partito era certo che sì, quella ragion d'essere rimaneva: ma rischiava d'essere compromessa «dall'accentuarsi e dall'esasperarsi delle visioni particolari: la volontà di avere la meglio o con la forza della quantità o con il condizionamento degli equilibri interni ed esterni, o con l'accentuazione spesso artificiosa delle differenziazioni per legittimare le contrapposizioni organizzate».

Le espressioni erano quelle d'una impasticciata reprimenda, ma in bocca a Rumor, con la sua leggera e suadente inflessione veneta, assumevano il tono d'un invito al pentimento e alla concordia. Le esortazioni di Rumor erano autorevoli. Ancor più autorevoli furono, si suppone, quelle che arrivavano da oltre il portone di bronzo, e che *L'Osservatore Romano* aveva riecheggiato. Papa Montini, sebbene aperto e moderno fin che si vuole, conduceva in quei giorni una battaglia in difesa di Pio XII opponendosi alla rappresentazione del *Vicario*, il dramma di Rolf Hochhuth che avanzava forti dubbi sull'azione di Papa Pacelli in difesa degli ebrei; e un'altra battaglia più squisitamente politica perché la Dc non gettasse al vento, disgregandosi, il suo patrimonio di consensi.

Il documento finale del Consiglio nazionale fu un inno alla presunta monoliticità della Dc. Vi si decideva di «esprimere concretamente la volontà unitaria mediante la formazione di una direzione rappresentativa»: volontà che avrebbe dovuto essere realizzata anche nella composizione degli organi periferici.

Il testo fu approvato e firmato dal doroteo Flaminio Piccoli, dal fanfaniano Arnaldo Forlani, dallo scelbiano Oscar Luigi Scalfaro, da Giovanni Galloni della sinistra di Base e da Tommaso Morlino, che rappresentava i morotei finalmente qualificatisi – tra tanto tuonare contro le divisioni – come una vera e propria corrente.

La sostanza dell'intesa consisteva, secondo Giorgio Galli, «nell'arresto definitivo di ogni impegno di riforma, sostituito da una crescente invasione della società civile e del sistema economico da parte del potere politico democristiano» ragione per cui «il Governo Moro entra in catalessi, anche se annuncia la programmazione». Diagnosi non priva di validi appigli ma viziata da un pregiudizio che è comune a tutta la sinistra quando valuta i comportamenti democristiani. Essa deplora le incoerenze, le faide interne, gli appetiti economici e la morbosa voluttà del rinvio che hanno sempre caratterizzato la gestione Dc del potere: e fin qui non si può che darle ragione. Ma imputa poi alla Dc, come colpa primaria e inescusabile, di non buttarsi a capofitto in avventure riformiste; e a questo punto pretende dalla Dc un suicidio politico ed elettorale. La vorrebbe indifferente e insensibile alla volontà del suo elettorato, risoluta a fare ciò che la maggioranza di chi vota Dc non voleva e non vuole. Come se questo fosse, per un partito interclassista, composto e sostanzialmente poggiato sui voti moderati, un merito e non un demerito. L'attendismo dc, esasperante quanto si vuole, più che una scelta è una necessità. I dorotei e gli scelbiani non furono un'invenzione malvagia di mestatori che miravano a conculcare le aspirazioni popolari. Furono lo specchio, e l'espressione della parte maggioritaria dell'elettorato democristiano, che è cosa ben diversa dagli iscritti alla Dc. La voglia di parlar male della Dc è forte, e in taluni momenti irresistibile. Si può chiederle d'emendarsi da molti vizi ed errori. Non si può chiederle di non essere più la Dc e di fare harakiri, per dare motivo di soddisfazione a chi intravede sempre dietro l'angolo le mirabili sorti, e progressive, dell'Italia.

In quei primi mesi del '65 la Dc fu dunque, più che mai, democristiana. Fanfani tornò all'ovile accettando di sostituire Saragat agli Esteri. Il «rieccolo» rimise piede alla Farnesina, dopo sette anni. Questa volta con il piglio del persuasore non del domatore. Tendeva ancora, com'era nel suo temperamento, ad accentrare, ma evitò di circondarsi d'una schiera di pretoriani che ricordassero i Mau Mau del '58. Quando il segretario generale Attilio Cattani andò in pensione per limiti di età non lo rimpiazzò. Voleva essere, come Pio XII, il segretario generale di se stesso. Non aveva rinunciato all'ambizione di mediare nei grandi conflitti, si trattasse del Vietnam o del Medio Oriente, ma era – o almeno parve all'inizio – più cauto.

La sua resurrezione ebbe insomma un avvio promettente, e un séguito immediato addirittura trionfale. All'insaputa di Moro, Fanfani avviò sondaggi per sapere se una sua candidatura alla Presidenza dell'Onu – l'incarico è di rappresentanza, e in definitiva onorifico, con una durata di sei mesi – sarebbe stata gradita. Ebbe risposte incoraggianti. La notizia dilagò d'improvviso nel mondo politico e il Presidente del Consiglio cadde dalle nuvole mentre il vice-presidente, Nenni, se ne disperò, perché se Fanfani lasciava vuota la poltrona della Farnesina si sarebbe arrivati a un rimescolamento del Governo, ed era l'ultima cosa che il Psi desiderasse. Palazzo Chigi brancolava nel buio a tal punto che qualcuno telefonò a Ugo Stille, il corrispondente del *Corriere* da New York, per sapere se la notizia avesse fondamento. L'aveva, e Fanfani – bene accetto al Terzo mondo – s'insediò nell'estate del '65 nel Palazzo di Vetro, pur conservando – d'accordo con Moro e con Nenni – il Ministero degli Esteri.

Il suo soggiorno americano fu presto turbato da un incidente serio: una caduta che gli lacerò un tendine e rese necessario un lungo periodo di cura. Purtroppo la degenza non gl'impedì di prendere qualche iniziativa diplomatica che sfociò in una disavventura personale. Sappiamo che tra gli intimi di Fanfani era – anche qui purtroppo – Giorgio La Pira, pacifista ecumenico e politico confusionario. Il «santo» siculo-fiorentino era riuscito a raggiungere Hanoi, e vi si era intrattenuto con il *leader* nordvietnamita Ho Ci Min. Quale che fosse stata la capacità di comprensione tra i due che parlavano linguaggi così diversi – e non soltanto in senso semantico – La Pira ebbe l'impressione che Ho Ci Min fosse disposto a trattare con gli americani rinunciando alla precondizione del ritiro dei loro soldati.

Di ciò che La Pira gli aveva scritto – inframmezzandolo con citazioni bibliche e invocazioni alla Madonna – Fanfani inviò un riassunto al Presidente americano Johnson. Ma La Pira, che fremeva in attesa di reazioni, anticipò ogni eventuale risposta della Casa Bianca lasciando trapelare indiscrezioni sulla sua «missione». Ne risultò un pasticcio, e il fondato sospetto degli Usa e di altri alleati occidentali che l'Italia avesse due politiche estere, quella del Governo (e di Fanfani come Ministro) e quella di La Pira (e di Fanfani come Presidente dell'Onu): la seconda favorevole a un negoziato di pace ad ogni costo nel Vietnam e all'ammissione della Cina nelle Nazioni Unite.

Già investito dalle polemiche, Fanfani ebbe il colpo di grazia dalla moglie Bianca Rosa che ricevette in casa sua, presente il garrulo La Pira, la giornalista Gianna Preda del *Borghese*. La Preda s'era impegnata a non pubblicare nulla dell'animata conversazione, e pubblicò invece tutto. La Pira parlò a ruota libera esaltando Fanfani e la sua azione, propugnando un Governo di concentrazione nazionale che andasse dai comunisti ai missini, definendo Moro «un molle». Il 1965 si chiuse con Fanfani dimissionario a causa delle «considerazioni e giudizi ingiusti ed infondati di un amico» e della «improvvida iniziativa di un mio familiare» che «stavano generando, a torto o a ragione, dubbi sulla condotta del Ministro degli Esteri danneggiandone l'opera e di riflesso recando nocumento al Governo». Infuriato com'era con la moglie, Fanfani non le rivolse la parola neppure durante il cenone di Natale che riunì l'intera e numerosa famiglia.

Inviata la lettera di dimissioni, Fanfani chiese di rimanere in carica fino alla ripresa parlamentare, per dare spiegazioni al Parlamento. Moro, che era in vacanza a Ortisei, rientrò a Roma e, d'intesa con Saragat, pretese che Fanfani dovesse «lasciare» subito. Il «rieccolo» era un'ennesima volta in disgrazia. Se aveva fatto assegnamento sulla Farnesina e sull'Onu come scalini per l'ascesa alla testa del Governo e – in lontana prospettiva – al Quirinale, il suo calcolo si rivelò, come sovente gli accadeva, completamente errato.

Torniamo – dopo questa necessaria digressione – al periodo immediatamente successivo all'elezione di Saragat.

Oltre che dall'ingresso di Fanfani il Governo Moro era stato modificato dalla sostituzione del Ministro dell'Industria e commercio senatore Giuseppe Medici, democristiano, con il socialdemocratico Edgardo Lami Starnuti. Gli equilibri del quadripartito erano pertanto ristabiliti mentre Psi e Psdi davano corso ai primi contatti per la riunificazione, e i comunisti manifestavano grande soddisfazione per l'andamento dell'elezione presidenziale nella quale la Dc aveva subìto, disse Luigi Longo, una triplice disfatta: per la impossibilità di far eleggere il suo candidato, per essere stata costretta ad accettare un candidato laico che nei primi scrutini si era opposto al candidato democristiano, e infine per aver dovuto togliere l'interdizione, posta inizialmente in termini ultimativi, alla richiesta e alla contrattazione dei voti comunisti.

Poco tempo dopo Longo ebbe un ulteriore motivo di soddisfazione. Glielo diede il Presidente della Repubblica Saragat, che dei comunisti era stato il più fiero e severo avversario, ma che nelle celebrazioni del ventennale della Liberazione e della fine della seconda guerra mondiale (25 aprile e 9 maggio), sfogò con impeto tribunizio – seppure con alti concetti – i suoi entusiasmi resistenziali. Dovendo citare un Maestro di libertà fece il nome di Concetto Marchesi, latinista insigne e stalinista di ferro.

A molti questo non piacque. Ancor meno piacque che, in concomitanza con l'anniversario, fosse stata concessa la grazia a Francesco Moranino, che viveva in Cecoslovacchia, e che da Radio Praga aveva diffuso le più grottesche menzogne sulla Repubblica italiana le cui condizioni di servaggio e di miseria erano da lui contrapposte al fiorire lieto e fecondo delle Repubbliche popolari comuniste. Come capo partigiano, Moranino s'era reso responsabile dell'uccisione efferata e a freddo, tra il 1944 e il 1945, di altri partigiani solo perché non erano comunisti: Emanuele Strasserra, Giovanni Scimone, Mario Francesconi, Gennaro Santucci, Ezio Campasso. Oltre ai cinque, erano state «giustiziate» le mogli del Francesconi e del Santucci. Moranino si era difeso asserendo d'avere ordinato le fucilazioni perché convinto che i cinque fossero spie dei fascisti e dei tedeschi: e d'avere aggiunto al sanguinario elenco le mogli di due di loro perché, chiedendo angosciosamente notizie dei mariti scomparsi, potevano danneggiare il movimento partigiano. La verità era che i cinque ap-

211

partenevano a formazioni «bianche»: dal fanatico Moranino poste sulle stesso piano dei reparti nazifascisti che ai partigiani davano la caccia. In contumacia, Francesco Moranino era stato condannato all'ergastolo (pena poi commutata in dieci anni di reclusione). La grazia gli consentì di rientrare in Italia e di riprendere la carriera politica (era già stato sottosegretario nei Governi del Cln, e poi deputato). Nel 1968 fu eletto senatore, ovviamente del Pci.

L'atto di clemenza per questo inclemente personaggio provocò una bufera di critiche. Si vide in esso il compenso – pattuito, si disse – di Saragat al Pci per il contributo dato alla sua elezione.

Piuttosto tardivamente il Ministro guardasigilli Reale spiegò le ragioni, umanitarie e di pacificazione nazionale, che avevano suggerito il provvedimento: precisando che esso riguardava non il solo Moranino ma cinquantuno partigiani (di cui trenta latitanti) e otto fascisti (di cui uno latitante). Fu peraltro confermato che i dirigenti comunisti avevano sollevato il problema, ottenendo l'interessamento di Saragat, durante le udienze concesse ai direttivi dei gruppi parlamentari dopo l'elezione presidenziale.

La polemica crepitò a lungo sotto le ceneri. Ancora nel 1971, quando il mandato di Saragat s'avvicinava alla scadenza, dal Quirinale arrivò un soprassalto d'ira. «Il giornale *Il Messaggero* di oggi (22 gennaio 1971 – *N.d.A.*) nel suo editoriale non firmato e che pertanto investe anche moralmente la responsabilità del direttore, riferendosi alle recenti affermazioni dell'on. Berlinguer relative alla elezione del Presidente della Repubblica così commenta: "In altri termini si dice chiaramente che questa volta basterà promettere la grazia a un qualche Moranino...". L'allusione alle condizioni che avrebbero indotto il Presidente della Repubblica a concedere la grazia al senatore Moranino è falsa e calunniosa.»

Ugo Indrio, che del settennato di Saragat ha scritto una

cronaca tanto accurata quanto favorevole, è sicuro che nessun patteggiamento poté esservi tra il *leader* socialdemocratico e i comunisti, «né Saragat lo avrebbe tollerato». Questa attestazione di fiducia il quinto Presidente della Repubblica italiana la meritava: per la sua integrità morale e per la sua statura intellettuale. Quello di Moranino non fu un baratto, ne siamo anche noi convinti: ma fu, dato il momento, e la goffaggine con cui la notizia trapelò e venne giustificata, un piccolo infortunio.

Chiudiamo qui la rievocazione d'un decennio di vita italiana che unì, come un lungo ponte, due periodi storici non solo diversi, ma opposti: quello della ricostruzione degasperiana e quello della contestazione e del terrorismo. L'Italia dei due Giovanni fu insieme l'erede – non sempre degna – di De Gasperi, e l'incubatrice degli anni di violenza e di piombo. Fu l'una e l'altra cosa in maniera stagnante, opaca, confusa e in larga misura inconsapevole. Gli uomini che si avvicendarono sulla scena politica, anche i migliori, ebbero intuizioni di largo respiro, come il passaggio dei socialisti dall'opposizione al Governo, ma non videro né capirono i veri fermenti e le peggiori insidie che covavano nel corpo del Paese. Attento alle grandi o piccole manovre d'anticamera e di corridoio, il Palazzo aveva, o così parve, le finestre chiuse. Quando le aprì, allarmato dal clamore, era già '68.

NOTA BIBLIOGRAFICA

Come per *L'Italia della Repubblica* e *L'Italia del miracolo*, la pubblicistica riguardante il periodo storico trattato nell'*Italia dei due Giovanni* è vastissima, e altrettanto vasta è, in questo caso, la gamma delle testimonianze. Per non affollare pagine e pagine di titoli e citazioni, e per non offrire indicazioni incomplete, abbiamo deciso di rinunciare a una sistematica bibliografia. I riferimenti essenziali sono tuttavia indicati nel testo.

CRONOLOGIA ESSENZIALE

1955

29 aprile – Giovanni Gronchi succede a Luigi Einaudi come Presidente della Repubblica.
14 maggio – Si costituisce il Patto di Varsavia.
6 luglio – Primo Governo Segni, che succede a Scelba.
15 dicembre – L'Italia viene ammessa all'Onu.

1956

9 febbraio – Morte di Ezio Vanoni.
25 febbraio – Un rapporto segreto di Kruscev al XX Congresso del Pcus dà inizio in Urss al processo di destalinizzazione.
25 maggio – Elezioni amministrative in Italia.
28 giugno – Rivolta in Polonia.
25 agosto – Incontro di rappacificazione tra Nenni e Saragat a Pralognan.
ottobre – Rivolta di operai e studenti in Ungheria, repressa dall'Unione Sovietica.
29 ottobre – Scoppia la seconda guerra arabo-israeliana in seguito alla nazionalizzazione da parte dell'Egitto del Canale di Suez.

1957

La Francia è impegnata nella repressione della resistenza in Algeria.
25 marzo – A Roma vengono firmati i trattati istitutivi della Comunità economica europea.

19 aprile – A Parigi la Conferenza dei Paesi della Nato decide l'installazione di basi missilistiche in Europa.

6 maggio – Dimissioni del Governo Segni cui succede il monocolore Dc guidato da Adone Zoli.

1958

maggio – In Francia nasce la Quinta Repubblica (presidenziale) con a capo Charles De Gaulle.

25 maggio – Elezioni politiche.

1° luglio – Secondo Governo Fanfani, il primo di centrosinistra.

luglio – Gli americani intervengono nel Libano utilizzando l'aeroporto di Capodichino come base di transito delle truppe.

9 ottobre – Muore Papa Pio XII. Gli succede Giovanni XXIII, eletto dal Conclave il 28 ottobre.

20 novembre – L'Agip-nucleare avvia la costruzione della centrale di Latina.

1959

1° gennaio – A Cuba cade la dittatura di Batista; Fidel Castro diventa Capo del Governo.

26 gennaio – Si dimette il Governo Fanfani; gli succede un secondo Governo Segni monocolore (18 febbraio).

15 marzo – Nasce nella Dc la corrente dorotea.

primavera – Firma dell'accordo per l'installazione in Italia di missili statunitensi a media gittata.

15 aprile – Dimissioni di Foster Dulles dal Dipartimento di Stato.

20 ottobre – Settimo Congresso Dc a Firenze.

1960

24 febbraio – Cade il Governo Segni.

25 marzo – Tambroni forma un Governo monocolore cui succede, il 26 luglio, il terzo Governo Fanfani.

16 maggio – Fallimento del vertice di Parigi tra Eisenhower, Mac-Millan, Kruscev e De Gaulle.
30 giugno – Gravi incidenti a Genova.
4 novembre – John F. Kennedy è eletto, dopo la fine del mandato di Eisenhower, Presidente degli Stati Uniti.

1961

Celebrazioni del centenario dell'Unità d'Italia.
gennaio-marzo – Si costituiscono a Milano, Genova e Firenze le prime giunte di centrosinistra.
12 aprile – Primo volo nello spazio di Jurij Gagarin.
17-18 aprile – Fallito sbarco di anticastristi nella Baia dei Porci a Cuba.
15 maggio – Enciclica *Mater et magistra*.
agosto – Crisi di Berlino. Viene decisa la costruzione del muro.

1962

21 febbraio – Fanfani forma un Governo di centrosinistra.
6 maggio – Antonio Segni succede a Gronchi come Presidente della Repubblica.
2 luglio – L'Algeria è indipendente.
ottobre – Crisi dei missili a Cuba.
11 ottobre – Apertura del Concilio Vaticano II.
30 ottobre – Morte di Luigi Einaudi.
novembre – Nazionalizzazione dell'industria elettrica (Enel).

1963

11 aprile – Enciclica *Pacem in terris*.
28 aprile – Elezioni amministrative in Italia.
3 giugno – Muore Giovanni XXIII; gli succede il 21 giugno Paolo VI.
22 novembre – A Dallas viene assassinato John Kennedy.
4 dicembre – Primo Governo Moro.

1964

5-6 gennaio – Paolo VI incontra a Gerusalemme il patriarca Atenagora.

12 gennaio – Scissione nel Psi, la cui ala di sinistra forma il Psiup.

22 luglio – Secondo Governo Moro.

2 agosto – Inizio dei bombardamenti americani sul Vietnam del Nord in seguito all'incidente del Golfo del Tonchino.

21 agosto – Muore a Yalta Palmiro Togliatti. Alla segreteria del Pci gli succede Luigi Longo.

ottobre – In Urss viene destituito Kruscev, sostituito da Leonid Brežnev.

28 dicembre – Giuseppe Saragat è il nuovo Presidente della Repubblica in sostituzione di Segni che, colpito da trombosi in agosto, si era dimesso.

1965

24 gennaio – Morte di Churchill.

28 gennaio – Consiglio nazionale della Dc.

2 giugno – Viene concessa la grazia all'ex capo partigiano Francesco Moranino.

20 settembre – Fanfani, Ministro degli Esteri dal 5 marzo, viene eletto presidente dell'Onu.

INDICE DEI NOMI

INDICE DELLE ILLUSTRAZIONI
AI CAPITOLI

SOMMARIO

BUR
Periodico settimanale: 24 gennaio 2001
Direttore responsabile: Evaldo Violo
Registr. Trib. di Milano n. 68 del 1°-3-74
Spedizione in abbonamento postale TR edit.
Aut. N. 51804 del 30-7-46 della Direzione PP.TT. di Milano
Finito di stampare nel mese di gennaio 2001 presso
Tip.le.co - via S. Salotti, 37- S. Bonico PC
Printed in Italy

ISBN 88-17-86638-5